비즈니스
일본어 이메일
통째로
따라쓰기

저자 **나카카와지 아키** (中川路亜紀)

시사일본어사

이 책의 특색

○ 연락처에 등록할 때 모든 이름 뒤에 「様님」을 붙여야 하나? ➔ (p44)

○ 전문 인용은 메일 용량을 크게 차지하여 상대에게 실례가 될까? ➔ (p20)

○ 「させていただきます」라는 경어는 잘못된 표현인가? ➔ (p78)

일본어로 메일을 쓰다 보면 여러 가지로 신경 쓰이는 부분이 많습니다.

메일 작성법과 매너에 대한 정보는 여기저기 넘쳐나고 있습니다. 인터넷 상에 떠도는 수많은 정보 중에는 작성자 개인의 의견이 담긴 것도 많기 때문에 모든 내용이 바르다고 할 수 없습니다.

그런 의미에서 이 책의 기본편에서는 다음과 같은 방침을 세워 작성했습니다.

● 불필요한 규칙을 억지로 내세우지 않는다.
● 필요한 규칙에 대해서는 이유를 명확하게 제시한다.
● 어느 쪽에도 속하지 않을 경우에는 판단할 수 있는 방법을 제시한다.
● 응용 표현을 가급적 많이 제시한다.

응용편과 예문편에서는 비즈니스 메일에서 자주 쓰는 표현이나 막상 닥쳤을 때 어떻게 작성해야 할지 망설여지는 메일 문장들을 바로바로 손쉽게 찾아 쓸 수 있도록 다양한 예문을 제시했습니다. 예문은 아래의 방침에 입각해 작성했습니다.

● 따라 쓰고 싶을 만큼 좋은 예문을 엄선한다.
● 상황에 맞게 바로 따라 쓸 수 있는 예문을 수록한다.
● 메일 상단의 제목부터 하단의 서명까지 전체적인 구성을 통으로 제시한다.
● 줄 바꿈이나 행간 등 화면 상에서 보이는 방식까지 세심하게 제시한다.

이 책은 메일 작성 화면 앞에서 망설이고 있을 여러분을 위한 메일 작성 안내서입니다. 권말의 색인을 통해 필요한 내용을 보다 쉽게 찾아 쓸 수 있습니다.

그까짓 메일? 그래도 메일!

업무 중에 메일을 읽고 쓰는 시간이 점점 늘어나고 있습니다.

통신 기술이 지금처럼 좋지 않았던 시절의 메일은 되도록 '간략하게' 작성하는 것을 바람직하게 여겼습니다. 그러나 통신 기술이 비약적으로 발전하고 정중한 대화의 기술이 점점 중요시 되어가는 요즘과 같은 시대에는 매너있게 메일을 작성하기 위해 소비하는 시간이 증가하게 되었습니다.

그렇다면, 올바른 매너란 무엇일까요? 매너란, '얼마나 많은 사람들이 그와 같이 하느냐'에 좌우되기도 합니다. 다시 말해 불필요하다고 여겨져도 많은 사람이 지켜 온 매너라면 따르는 것이 좋습니다.

그러나 되도록 불필요한 수고를 줄이고 효율적으로 업무를 하고 싶은 사람도 있으리라 생각합니다. 어떤 방식을 따라야 할지 망설여진다면 각자의 상황에 맞게 적절히 선택하면 됩니다. 다만, 주위의 관행을 무시해서도 안 됩니다. 이 책에서는 이처럼 다양한 사정을 고려하여 신중하게 해설하려고 노력했습니다.

매너를 맹목적으로 내세우기보다 서로 기분 좋고 부담이 되지 않는 메일 작성법은 무엇인지 진지하게 생각해 보고자 하는 것이 이 책을 집필한 취지입니다.

나카카와지 아키(中川路亜紀)

이 책의 구성과 학습법

이 장의
주요 어휘 미리보기

스마트폰으로 QR코드를 찍으면,
각 장에 나오는 주요 어휘의 뜻을
확인할 수 있습니다.

• 기본편

비즈니스 이메일의 기본적인 매너와 규칙 이해하기

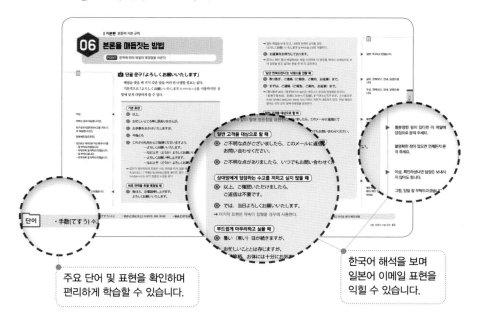

주요 단어 및 표현을 확인하며
편리하게 학습할 수 있습니다.

한국어 해석을 보며
일본어 이메일 표현을
익힐 수 있습니다.

다양한 이메일 문장 작성법과 표현 익히기

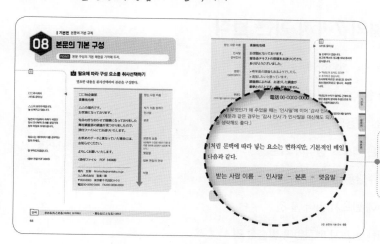

같은 내용의 이메일이라도 보다 효과적으로 전달할 수 있도록 요령 및 TIP을 소개합니다.

상황별 이메일 예문 바로 찾아 쓰기

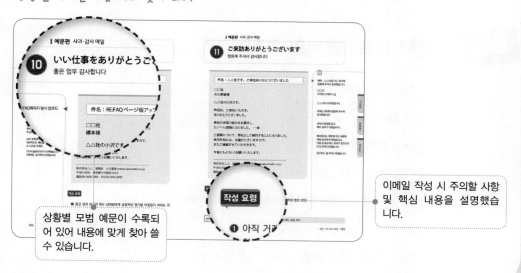

상황별 모범 예문이 수록되어 있어 내용에 맞게 찾아 쓸 수 있습니다.

이메일 작성 시 주의할 사항 및 핵심 내용을 설명했습니다.

목차

3장   본문의 기본 규칙

응용편

4장   메일 작성 요령 및 표현

목차

5장 일상적인 연락 메일

6장 약속 · 부탁 · 문의 메일

목차

7장 말하기 거북한 내용의 메일

8장 사과 · 감사 메일

목차

 9장 단체로 보내는 알림 메일

[기본편]

1장

업무 메일의
7가지 기본 원칙

주요 어휘

한 번의 클릭도 신중하게

POINT 컴퓨터 너머의 상대방을 먼저 떠올리는 습관을!

클릭 한 번에 날아가 버리는 메일

요즘은 업무 내용이 대부분 컴퓨터 속에 들어 있어서 메일만으로도 업무의 상당 부분을 처리할 수 있게 되었다. 그러나 그런 식으로 계속 일을 하다 보면 상대방의 모습이 떠오르지 않을 때가 있다. 메일은 주로 문자로 대화를 주고받기 때문에 감정을 전하기 어렵고 상대방의 의중을 정확하게 확인하기 어려운 면이 있으며 기술적인 문제가 발생하기도 한다. 그래서 본의 아니게 이쪽에서는 미처 생각지도 못한 인상을 상대방에게 심어주는 경우도 있다.

식상한 이야기겠지만, 메일 작성할 때 가장 기본이 되는 자세는 상대방을 헤아리는 마음, 즉 배려하는 마음이다.

상대방의 입장을 헤아리자

❶ 상대방이 내 메일을 받고 무엇을 할까?

☑ 전에 주고받은 메일을 뒤지며 날짜나 장소를 확인하는 건 아닐까?

☑ 방대한 분량의 첨부 파일을 프린트하느라 시간과 비용을 들이지는 않을까?

❷ 허겁지겁 보내는 바람에 상대방에게 실례를 범하지는 않았을까?

☑ 인사나 부탁의 말, 간단한 사과 문구를 빼먹지는 않았나?

☑ 상대방이 적은 내용을 빠뜨리고 읽지는 않았나?

❸ 상대방이 수시로 메일을 확인할 수 있는 상황인가?

☑ 상대방이 출장 등으로 한동안 확인을 못하지는 않을까?

　(급한 용건을 전송한 채 방치해 두는 것은 상대방에게 폐를 끼치는 행위다.)

❹ 상대방의 컴퓨터 환경이 나와 동일한가?

☑ 소프트웨어의 호환성은? (p47 참조) 송신하는 메일 형식은 적절한가? (p22 참조)

　(매킨토시의 경우는 환경 의존 문자에 주의할 필요가 있다.)

환경 의존 문자란?

　환경 의존 문자란, 컴퓨터의 OS에 따라서 글자가 깨지는 현상을 일으키는 문자를 말한다. 오랫동안 윈도우즈(Windows)와 매킨토시(Macintosh) 사이에서는 원숫자 등의 환경 의존 문자를 사용하면 글자가 깨진다고 알려져 있었다.

　현재는 이들 환경 의존 문자에도 호환성이 개선되어 새로운 OS에서는 글자 깨짐 현상이 줄어들었다. 상대방 OS환경에 따라 다르므로 원숫자 등과 같은 환경 의존 문자는 원칙적으로 메일에서 사용하지 않는 편이 좋다.

환경 의존 문자의 예	호환성 있는 기호
♡ ♤ ♧ ☎ ☺ No.	● △ □ ★ ♪ ♯
cm² m² kℓ センチ キロ	→ 　 ↓ 　 【 】
① ② ⅲ ⅳ Ⅴ	＋ － ＊ ＝
髙 﨑 彁	″ ♂ ♀ ✂ ⋯ ＠

02 1통 1건을 원칙으로 심플하게

POINT 간결하고 바로 찾을 수 있는 메일이 좋다.

☑ 용량의 절약에서 시간의 절약으로

과거에는 통신 요금이 종량제(접속 시간에 따라 사용료가 부과되는 방식)이고 컴퓨터 메모리나 하드 디스크의 용량도 적었기 때문에 쓸데없이 많은 양의 문자로 용량을 크게 차지하는 메일은 그야말로 '민폐' 취급받았다. 메일은 간결한 게 제일이라는 인식 때문에 메일 본문에 받는 사람 이름은 생략하고 인사말도 간략히 적는 것이 매너였다.

지금은 메일을 보낼 때 기본적으로 받는 사람의 이름을 적는다. 그러나 종이 문서나 편지에서 사용하는 '拜啓근계'나 '敬具경구'와 같이 격식을 차린 장황한 인사말은 적지 않는다.

💡 메일을 간결하게 적어야 하는 이유

① 스크롤을 내려 가며 장문의 메일을 읽는 것은 피곤하므로
② 메일을 주고받는 양이 늘면 처리 시간이 많이 소요되므로

따라서 시간과 업무의 부담을 줄이기 위해 메일은 '간결하고 금방 읽을 수 있는 내용으로 정리'하는 것이 가장 바람직하다.

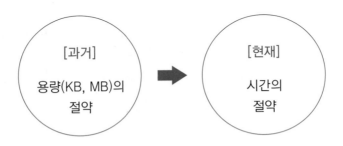

[과거]
용량(KB, MB)의 절약

➡

[현재]
시간의 절약

단어   ・拜啓(はいけい) 삼가 아룁니다(편지 첫머리에 쓰는 인사)   ・敬具(けいぐ) 삼가 아룁니다(편지 끝에 쓰는 인사)

☑️ 1통 1건의 원칙

방대한 자료를 한 대의 컴퓨터 속에 저장할 수 있게 되어 예전에 비해 업무가 획기적으로 편리해졌다. 그러나 저장된 정보를 필요한 때에 꺼낼 수 없다면 그저 쓰레기더미에 불과하다.

메일의 정보를 쉽게 취급하기 위해서는 '한 통의 메일에는 하나의 용건을 적도록' 한다. 메일을 업무 자료로 활용하려면 이 '1통 1건의 원칙'을 지키는 것이 좋다.

또한, 받은 편지함에서 필요한 메일을 쉽게 찾기 위해서는 용건을 정확하게 나타내는 '제목'을 붙이는 것이 좋다. (p34 참조)

'그 안건, 어떻게 진행되었더라?' 하고 궁금해질 때, 받은 편지함을 검색하면 금방 찾을 수 있는 메일이 가장 이상적이다. 그러기 위해서는 보내는 쪽이나 받는 쪽이 모두 확인하기 편한 제목을 사용하는 것이 좋다.

기 본 편

응 용 편

예 문 편

그러나, '1통 1건의 원칙'을 철저히 고수하겠다고 짤막한 메일을 여러 통 발신하는 것도 상대에게 실례다. 메일 용건의 말미에 약간의 예고성 문구나 여담에 해당되는 내용을 덧붙이는 것은 상관없다. 내용이나 정보량으로 판단한다. (p38 참조)

여기 있어~

03 복사·답신 인용도 규칙에 맞게

POINT 복사·붙여 넣기할 때는 저작권과 '글쓴이의 입장'을 생각한다.

☑ 사용하기 편리한 전자 데이터

메일의 가장 큰 특징은 많은 양의 내용을 언제라도 찾아볼 수 있다는 점이다.

또 다른 특징은 글의 내용을 다른 소프트웨어의 문서 파일에 자유롭게 복사·붙여넣기를 할 수 있다는 점이다.

그러나 간단히 처리할 수 있기 때문에 더욱 사용에 유의할 필요가 있다.

❶ 출처를 적는다

본인의 문장을 복사해서 붙여 넣는 것은 자유다. 하지만 타인의 문장을 인용할 경우에는 다음과 같은 부분을 명확하게 밝혀야 한다. 자료를 받는 쪽에서도 정보 활용에 도움이 되기 때문에 출처 표시를 선호한다.

☑ 어디서부터 어디까지가 인용인가?
☑ 어디에 수록되어 있는가?
☑ 누가 쓴 문장인가?

ABC研究所の「高齢者市場分析レポート」（大気勉研究員）に次の
ような分析がありました。

人口構成の著しい変化は、今後の国内市場を大きく変化させていく
…（省略）…毎年、高齢者人口が200万人以上ふえ、高齢者市場が
拡大する。

（ABC研究所「20XX年高齢者市場レポート」
http://www.abcresearch.co.jp/report/koureisha/より）

ABC연구소의 '고령자 시장 분석
리포트(다이키 츠토무 연구원)에
다음과 같은 분석이 있었습니다.

인구 구성의 현저한 변화는, 향후
국내 시장을 크게 변화시켜 간다…
(생략)…매년, 고령자 인구가 200
만 명 이상 증가하여, 고령자 시장
이 확대된다.

(ABC 연구소 「20XX년 고령자 시장 리포트」
http://www.abcresearch.co.jp/
report/koureisha/에서)

기본편

응용편

예문편

❷ 제 3자로부터 받은 메일 내용을 인용·전송할 때는 허락을 받는다

메일의 내용은 기본적으로 받는 사람 개인에게 전달되는 것이기
때문에 무단 인용과 전송은 매너에 어긋난다. (p70 참조) 필요할 경우
에는 다음과 같이 사전에 승낙을 받아 둔다.

先日のメールでお書きいただいたご指摘は、
非常に重要だと思いました。
特に、販売店の変化についてのご意見は、
クライアントにもお伝えしたいと考えております。

つきましては、以下の部分を、販売店様のご意見として、
□□社の安藤様へのメールに、
引用させていただきたいと思いますが、いかがでしょうか。

所属・お名前をお出ししてもよいかどうかも含め、
ご返信いただければ幸いです。

➡〈引用希望部分をコピー・貼り付け〉

➡ 이 메일은 회사 외부에 전송할 경우의 예문이다. 외부에서 온 업무 메일을 회사
　내부의 사람과 공유하는 것이라면 특별히 허가를 받을 필요는 없지만, 만일 내
　용 중에 사적인 내용이 포함되어 있다면 해당 부분은 삭제한다.

일전의 메일에서 적어 주신 지적은,
매우 중요하다고 생각했습니다.
특히, 판매점의 변화에 대한 의견은
클라이언트에게도 전하고 싶습니다.

이에, 이하의 부분을 판매점의 의
견으로서 □□사의 안도 님에게
보내는 메일에 인용하고 싶은데,
어떠신지요?

소속·이름을 밝혀도 괜찮은지 어
떤지를 포함해 답변을 보내 주시면
감사하겠습니다.

☑ 대화 기록을 남기기 위해 '답신 인용' 활용

　메일의 편리함 중에 또 하나는 답신 인용 기능이다. 일반적으로 이메일 프로그램에서는 답장을 클릭하면 원래의 메일 전문이 인용되도록 초기 설정되어 있다. 전문 인용의 방법으로 답장을 반복하면 대화의 이력이 축적되므로 이전에 보낸 메일을 확인하고 싶을 때 화면의 스크롤을 내리기만 하면 된다.

　전문 인용이 계속 이어지면 메일이 너무 길어져서 좋지 않다는 의견도 있지만 메일 이력을 한눈에 볼 수 있다는 긍정적인 면이 훨씬 크다. 물론, 인용 부분이 너무 길어졌을 때, 그리고 더 이상 이력을 남길 필요는 없다고 판단될 때에는 삭제해도 괜찮다.

☑ '부분 인용'을 활용하여 안건 보충

　상대방의 메일에 1문 1답으로 코멘트 하고 싶은 경우에는 필요한 내용만을 인용하는 부분 인용이 편리하다.

> 開催日は3月15日(日)もしくは22日(日)
> のどちらかで、講師や会場の都合で調整する
> ということでよいですね。
時期的にベストだと思います。

> 候補会場は、どれも交通の便が悪いですね。
予算との関係もありますので、
もう少しお時間をください。

> 개최일은 3월 15일 혹은 22일(일) 중에서 강사나 모임 장소의 상황을 봐서 조정하겠다는 말씀이시죠?
시기적으로 가장 좋다고 생각합니다.

> 후보로 거론된 장소는, 모두 교통편이 나쁘군요.
예산 관계도 있으니 조금 더 시간을 주세요.

　이처럼 부분 인용을 하면 바로 대답할 수 있는 내용과 시간이 필요한 내용을 나누어서 대답할 수 있으며, 상대방이 던진 질문이나 안건에 빠짐없이 대답할 수 있게 된다.

　전문 인용과 부분 인용을 구분해서 사용하는 방법과 부분 인용의 활용법은 92~93페이지에 상세하게 설명되어 있다.

단어　　• 都合(つごう) 형편, 사정　　• 候補(こうほ) 후보

☑ 답신 인용의 매너

❶ 인용 부분을 확실하게 구별할 것!

이메일 프로그램의 설정에 따라서는 부분 인용을 사용하여 답장할 때 새로 기입하는 부분과 인용 부분이 구별되지 않는 경우가 있다. 인용 부분을 명확하게 구별하는 것은 매너이므로 수동으로 인용 부호(>)를 기입하거나 인용 부호가 자동으로 붙도록 이메일 프로그램을 설정하는 것이 좋다. (p30 칼럼 참조)

* 단, Outlook등의 이메일 프로그램의 경우, HTML형식의 메일에 답장할 때 부분 인용을 사용하면 서식 설정이 흐트러지므로 주의해야 한다.

❷ 도중에 제 3자를 참조로 넣은 경우에는 요주의!

메일을 주고받는 어느 시점부터 받는 사람을 추가하거나 참조(CC)하여 제 3자에게 메일을 보내야 할 경우, 그동안 답신 인용으로 주고받던 메일을 그대로 사용해도 좋은지 심사숙고할 필요가 있다. 상대방이 보내온 메일을 허락 없이 제 3자에게 읽게 하는 것은 매너에 어긋나기 때문이다. 반드시 허락을 받은 후에 제 3자와 내용을 공유하든가 만일 지장이 없다면 새로 메일을 작성하도록 한다.

업무 메일은 텍스트 형식이 기본

POINT 텍스트 형식의 메일이 상대방에게 부담을 주지 않는다.

☑ 의외로 불편한 HTML메일

메일에는 텍스트 형식과 HTML형식이 있다. 텍스트 형식은 단순한 문자 정보만을 보낼 수 있다. HTML형식은 문자 크기나 색상을 바꾸거나 이미지를 삽입할 수 있다(리치 텍스트 서식 있는 텍스트 형식도 거의 동일한 기능이 있다). 그러나 다음과 같이 불편한 점이 있다.

☑ 용량이 증가한다.
☑ HTML 형식을 읽을 수 없는 이메일 프로그램도 있다.
☑ 행간을 넓히고 형형색색으로 채색하고 그림 문자를 넣는 메일은 업무용으로 적합하지 않다.
☑ 답신 인용을 할 때, 들여쓰기나 색상 문자로 표시되기 때문에 인용 부분의 구별이 잘 안 되고 서식도 흐트러진다. (텍스트 형식에서는 문장의 첫머리에 '>' 등의 인용 부호가 붙어 한 눈에 알 수 있다.)

> 10월 15일 오후 2시는 어떠신 가요?
알겠습니다. 기다리고 있겠습니다.

10월 15일 오후 2시는 어떠신가요?
알겠습니다. 기다리고 있겠습니다.

(텍스트 형식의 인용과 코멘트)

> 10月15日の午後2時ではいかがでしょうか。
承知致しました。お待ちしております。

(HTML형식의 인용과 코멘트)

　10月15日の午後2時ではいかがでしょうか。
承知致しました。お待ちしております。

단어 · 承知(しょうち) 알아들음. 동의

Outlook 등의 답장 메일은 수신한 메일과 동일한 형식으로 되기 때문에, HTML 형식의 메일에 대한 답장은 HTML 형식으로 발신된다. 이를 텍스트 형식으로 전환하면 인용 부분의 구별이 되지 않게 된다는 문제점이 있다.

Gmail에서는 '편지쓰기' 또는 '답장' 화면을 열었을 때 '일반 텍스트 모드'를 클릭하면 텍스트 형식으로 전환되어 답장의 경우 인용 부분에 자동적으로 인용 부호(>)가 붙는다.

많은 이메일 프로그램의 초기 설정이 HTML 형식으로 되어 있어 HTML 형식의 메일도 증가하고 있지만 업무에서는 기본적으로 텍스트 형식으로 하고 필요할 경우 HTML 형식으로 하기를 권한다.

텍스트 형식 ⇔ HTML 형식의 전환

작성 메일을 텍스트 형식으로 설정하는 방법

[Windows Outlook 2010]
파일 → 옵션 → 메일 → 메시지 작성 → '텍스트 형식' 선택

[Windows Outlook 2003]
도구 → 옵션 → 메일형식 → 풀다운 메뉴에서 '텍스트 형식' 선택

[Macintosh 메일]
메일 → 환경설정 → 작성 → 메시지 포맷 → 풀다운 메뉴에서 '표준 텍스트' 선택

메일 별로 텍스트 형식·HTML 형식으로 전환하는 방법

[Windows Outlook 2010]
메일 작성의 윈도우 서식 설정 탭 → 서식 버튼으로 변경

[Windows Outlook 2003]
메일 작성 윈도우의 변경 버튼(표준 툴바 상태에서)

[Macintosh 메일]
기본적으로 표준 텍스트 형식으로 되어 있으나 메일 작성 시 윈도우 포맷바에서 서식을 지정하면 리치 텍스트(서식 있는 텍스트) 형식으로 변경된다.

05 의사소통 수단은 상황에 맞게

POINT 메일, 전화, 팩스, 편지의 특성을 고려하여 사용한다.

☑ 도구의 특성 구별하기

이제 메일은 업무에 있어서 빼놓을 수 없게 되었다. 메일은 업무의 중심적인 연락 수단이라고 해도 과언이 아니다. 예전 같으면 같은 공간에 있는 상사나 동료가 메일로 대화하는 것은 웃을 일이었지만 지금은 흔한 일이다.

그렇다고 해서 메일이 만능은 아니다. 각각의 의사소통 수단의 특성을 고려하여 상황에 맞게 구별하여 사용할 필요가 있다.

다음 페이지에 요약된 메일, 전화, 팩스, 편지의 특성을 참고하자.

☑ 상대방에 맞추어 사용하기

업종이나 연령층에 따라 주로 사용하는 의사소통 수단이 다를 경우가 있다. 자신이 메일로 업무를 처리하고 있다고 해서 상대방도 그럴 것이라고 단정 짓는 것은 바람직하지 않다.

상대방 혹은 안건의 특성상 직접 이야기를 하는 경우가 좋다고 판단될 경우에는 전화를 하거나 직접 방문한다. 그래야 원활하게 진행될 수 있다.

업무 절차를 예측하여 미리 〈메일 교환으로 진척시킬 부분〉과 〈만나서 협의할 부분〉 등을 상의해 두는 것도 좋다.

☑️ 의사소통 수단별 특성

	메일	전화	팩스	편지, 문서(우편)
이야기 진행 속도	★★ 모바일로도 송수신이 가능하며 답장하기 편하다.	★★★ 상의하면서 바로 결정할 수 있다.	★ 쌍방향으로는 적합하지 않다.	★ 도착하는 데 여러 날 소요된다.
감정 전달	★ 문자만으로는 전하기 어려운 경우도 있다.	★★★ 목소리 톤으로 전해진다.	★ 외관이 좋지 않아 부적합하다.	★★ 정성스러운 마음을 전할 수 있다.
기록 보존	★★★ 대화의 경과가 모두 남는다.	★ 대화의 경과를 남기기 어렵다.	★★ (시간이 지나면 지워지는) 감열지가 사용되므로 기록으로 남기고 싶은 내용에는 적합하지 않다.	★★★ 계약서처럼 문서로 남겨야 하는 경우에 적합하다.
비밀 유지	★★ 업무 메일은 필요에 따라 타인이 볼 수도 있다.	★ 주변 사람에게 내용이 들릴 수 있다.	★ 제일 먼저 본인이 수령한다는 보장이 없다.	★★★ '친전(親展)'이라고 표시하면 본인 이외에는 열어볼 수 없다.
예의 / 격식	★★ 가벼운 인사라면 OK	★★ 감사 인사는 바로 전해야 한다는 주의라면 전화가 좋다.	★ 팩스로 인사하는 것은 실례다.	★★★ 격식 차린 인사는 편지로 보낸다.
그림 / 이미지 전달	★★ 첨부 파일로 보낼 수 있지만 이메일 프로그램 및 용량의 제한이 있다.	★ 전할 수 없다.	★★ 화질이 조악하지만 전할 수는 있다.	★★★ 그림이나 사진을 원래의 화질로 보낼 수 있다.
적합한 내용	일상적인 업무 연락, 여러 사람에게 보내는 안내문	처음 연락할 때, 급하게 인사나 사과할 때, 바로 답변을 듣고 싶을 때 (급한 용건)	전자 데이터가 아닌 종이 자료, 기입해서 반송 받고 싶은 자료	격식 차린 내용. 고품질의 그래픽 자료, 방대한 분량의 자료

기본편

응용편

예문편

단어 · 親展(しんてん) 친전. 편지를 받을 사람이 직접 개봉하라고 편지 겉봉에 쓰는 문구

06 보내기 전에 반드시 다시 읽어 볼 것

POINT 메일을 작성한 직후에는 반드시 수정할 부분이 있다.

☑ 타닥타닥 적고, 휘리릭 보내기 전에

'메일을 받고 바로 답장 버튼을 눌러 타닥타닥 자판을 두들긴 뒤, 휘리릭 보냈다. 자신은 일을 척척 처리했다고 생각했는데 상대방의 반응은 영 시원치 않다.'

이런 경험, 누구에게나 한 번쯤은 있을 것이다.

작성을 하자마자 바로 보내는 메일은 자칫 무뚝뚝한 느낌을 주거나 오해를 초래하는 경우가 있다. 메일을 작성한 후 최소한 한 번은 다시 읽어 보는 습관을 갖자.

특히 말하기 껄끄러운 내용이나 복잡한 내용을 전해야 한다면 메일을 작성한 뒤 잠시 시간을 두고 이성적인 머리로 다시 읽어 보는 것이 좋다.

☑ 다시 읽을 때 주의할 점

다시 읽어 보면 반드시 몇 군데쯤 수정하고 싶은 부분이 나온다. 최소한 다음의 내용 정도는 체크해 두자.

    ☑ 받는 사람 이름에 경칭은 붙였는가?
    ☑ 인사는 넣었는가?
    ☑ 강조어를 과하게 붙이지 않았는가?
    ☑ 주어가 너무 생략되어 있지 않은가?
    ☑ 동료 사이에서나 사용하는 축약어, 업계 전문 용어 등을 사용하지 않았는가?
    ☑ 단순한 입력 실수, 변환 실수를 하지 않았는가?
    ☑ 상대를 향한 불만이 문장에 나타나 있지 않은가?
    ☑ 마지막으로 부탁의 말 등을 잊지 않았는가?

단어 ・リスケ(＝リスケジュール) 스케줄을 재조정하는 것. reschedule   ・割高(わりだか) 비교적 값이 비쌈

허겁지겁 보낸 메일 (예)

○○社企画部
齋藤　晶子 …❶

>コスト面からもＢ案のほうがよいと思います。 …❷
コストについては、先月のメールにも書いたように、 …❸
この試算は根本的にまちがっています。 …❹

そこにも書いたのですが、回収費用も含めて計算すると、 …❸
むしろＢ案はとても割高になります。 …❹

Ａ案、Ｂ案について、もう少し詰めたいと思いますので、 …❺
このあとの日程のリスケお願いします。 …❻

○○사 기획부
사이토 아키코

> 비용 면에서도 B안이 좋은 것 같
　습니다.
비용에 대해서는 지난달 메일에서
도 적었듯이, 이 시산은 근본적으로
잘못되어 있습니다.

거기에도 적었지만, 회수 비용도 포
함해서 계산하면 오히려 B안은 매
우 비싸게 듭니다.

A안, B안에 대해서 조금 더 보충하
고 싶으니 이후의 일정을 다시 조정
해 주시길 부탁드립니다

💡 이 메일의 부적절한 점

❶ 상대방 메일의 서명에서 이름을 복사해서 붙여 넣는 바람에 경칭 「様 님」 표기를 빠뜨렸다.

❷ 조급한 마음에 인사를 잊었다. 「お世話になっております。ご意見 ありがとうございました。 늘 신세가 많습니다. 의견 감사합니다」 등의 인사말 을 넣는다.

❸ 상대방이 빠뜨리고 읽은 것에 대해 불편한 심기를 드러내고 말았 다. 동일한 내용을 지적하고자 할 경우에는 다음과 같이 부드럽게 표현한다.

このコスト試算には、誤りがあるようです。
4月12日の私のメールでも少しふれましたが、
回収費用も含めて計算すると、
Ｂ案はむしろ割高になることがわかりました。

이 비용의 시산에는 잘못된 부분이
있는 것 같습니다.
4월 12일의 제 메일에서 잠깐 언급
했지만, 회수 비용도 포함해 계산
하면 B안은 오히려 비싸게 든다는
사실을 알게 되었습니다.

❹ 과도한 강조어는 자제한다.
❺ 민감한 사안인 만큼 부탁하기 전에는 「申し訳ありませんが 죄송합니다만」 와 같이 말을 부드럽게 연결해 주는 '쿠션 언어'를 넣는 게 좋다.
❻ 「再調整 재조정」으로 고친다. 일반적이지 않은 단축어는 사용하지 않 는다. 하단에 서명을 빠뜨리지 않도록 주의한다.

07 답신은 다음 날까지 빠짐없이 발송할 것

POINT 자기 나름대로 메일을 처리하는 패턴을 정한다.

📧 읽었다면 답장이 원칙! 늦어도 다음 날까지는 답장한다

메일은 가급적 다음 날까지는 답장한다. 업무 내용에 따라 다르겠지만, 회사 외부와 내부의 사람들과 메일을 주고받는 경우, 대체적으로 다음과 같은 절차가 이루어진다.

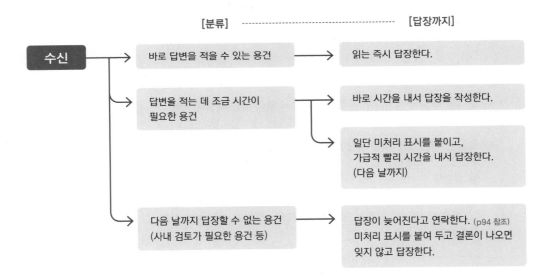

[분류] ----------------------------------- [답장까지]

수신 → 바로 답변을 적을 수 있는 용건 → 읽는 즉시 답장한다.

→ 답변을 적는 데 조금 시간이 필요한 용건 → 바로 시간을 내서 답장을 작성한다.

→ 일단 미처리 표시를 붙이고, 가급적 빨리 시간을 내서 답장한다. (다음 날까지)

→ 다음 날까지 답장할 수 없는 용건 (사내 검토가 필요한 용건 등) → 답장이 늦어진다고 연락한다. (p94 참조) 미처리 표시를 붙여 두고 결론이 나오면 잊지 않고 답장한다.

메일을 받고 바로 답변을 작성할 수 있는 메일은 바로 답장을 보내고 시간이 소요될 것 같은 내용에는 미처리 표시를 붙여 두고 시간을 내서 대응한다. (p29 참조)

이처럼 메일 작성 패턴을 만들어 놓으면 차분하게 답장을 작성할 수 있으며 깜박 잊는 실수도 예방할 수 있다.

또한, 휴가 · 입원 등 오랫동안 메일에 답장하기 어려운 일정이 잡히게 될 경우에는 상대방에게 장기간 부재임을 알려 두는 것이 좋다. (p205~206 참조)

☑️ 메일에 미처리 표시 붙이기

메일을 확인하면 되도록 빨리 처리하고 싶지만 도중에 전화 응대, 접객, 외근 등과 같이 불가피한 상황이 발생하여 신속히 처리하기 어려운 경우가 있다. 그럴 때는 미처리 메일을 식별할 수 있도록 해 두고 반드시 나중에 확인하도록 한다.

💡 미처리 메일을 표시하는 방법

① 읽지 않은 상태 · 읽은 상태로 구분하기

읽지 않은 메일은 제목이 굵은 문자로 표시되기 때문에 바로 식별할 수 있다. 그러나 일단 읽었으나 바로 답장을 할 수 없는 메일이라면, 메일 창 상단의 '안 읽음' 또는 '읽지 않은 상태' 버튼을 클릭하여 읽지 않은 상태로 돌려 놓는다.

② 플래그 표시 달기

Outlook과 같은 이메일 프로그램에서는 나중에 추가 작업을 수행할 것을 알려 주는 플래그 설정 기능이 있는데, 메일을 선택하여 붉은 깃발 모양의 플래그 표시를 달 수 있다. 기한을 설정해서 실행 시 알람이 울리도록 하는 등 다양한 설정을 할 수 있다. 이메일 프로그램에 따라 다양한 표시 기능이 있다.

답신 인용에 인용 부호를 붙이는 설정

대부분의 이메일 프로그램에서는 답장할 때 상대방의 메일의 전체 내용이 인용되도록 초기 설정되어 있다(전문 인용).

텍스트 형식이라면 인용 부분의 행의 시작 부분에 인용 부호('>' 또는 세로줄 '|')가 붙기 때문에 부분 인용할 때 편리하다.

그러나 Windows7의 Outlook이나 Windows Live의 초기 설정에서는 텍스트 형식의 메일에 보내는 답장이라도 인용 부분에 인용 부호가 붙지 않으므로 매우 불편하다.

이럴 때 수동으로 일일이 인용 부호를 붙여도 되지만 설정을 바꾸면 텍스트 형식의 답장에 자동적으로 인용 부호를 붙일 수 있다.

[Windows Outlook 2010]
파일 → 옵션 → 메일 → 회신 및 전달 → '메시지를 회신할 때', '메시지를 전달할 때'의 풀다운 메뉴에서 '원본 메시지의 각 줄에 기호 붙이기'를 선택

[Windows Outlook 2003]
도구 → 옵션 → 초기설정 → 전자메일 메일 옵션 → '메시지를 회신할 때', '메시지를 전달할 때'의 풀다운 메뉴에서 '원본 메시지의 각 줄에 기호 붙이기'를 선택

설정을 마친 후 '확인'을 클릭하는 것을 잊지 않도록 한다.

[기본편]

2장

본문 이외의
매너와 규칙

주요 어휘

'보낸 사람' 이름을 자주 바꾸지 말 것

POINT 보낸 사람 이름은 '한눈에 누군지 알 수 있도록' 한다.

☑ '보낸 사람' 이름이란?

자신이 발신한 메일이 상대방에게 도착했을 때, 메일의 앞머리의 '보낸 사람' 칸에 자동적으로 표시되는 이름을 가리킨다. 이메일 프로그램에서 처음 계정을 만들 때 '사용자 이름' 칸에 적는 이름이 '보낸 사람' 이름이 된다.

☑ '보낸 사람' 이름의 작성 예시

(O : 좋은 예   X : 나쁜 예)

예 1	예 2
◉ Lee Min Ho	◉ Makiko Nakagawa
◉ MH. Lee	◉ M.Nakagawa
◉ 李 敏鎬	◉ 中川 真紀子
◉ 李 敏鎬（△△物産）	◉ 中川 真紀子（△△物産）
✕ Min Ho	✕ Makichan
✕ ミンホ	✕ まき
✕ 李 ・흔한 성의 경우 풀네임으로 한다.	✕ 中川
✕ mhlee@sankakubussan.co.jp	✕ mnakagawa@sankakubussan.co.jp

* 해외 거래처와 메일을 주고받는사람은 알파벳(반각)으로 하는 것이 좋다.

☑️ '보낸 사람' 이름은 가급적 바꾸지 않는다

대부분의 이메일 프로그램에서는 새로 메일을 작성할 때, 받는 사람 칸에 이름의 일부를 입력하면 주소록에 등록되어 있는 이름이 자동적으로 열거된다.

연락처를 주소록에 추가할 때 일부러 이름을 수정하지 않는 한 '보낸 사람'에 표시된 이름이 자동적으로 등록되기 때문에 '보낸 사람' 이름은 누구인지 쉽게 알 수 있게 작성하고 중도에 변경하지 않는 것이 좋다.

메일을 검색할 때에도 '보낸 사람'으로 검색하는 경우도 많기 때문에 자주 변경하면 상대방도 불편함을 느낄 수 있다.

☑️ 필요하다면 계정을 여러 개 만든다

업무 내용이나 상황에 따라 보낸 사람 이름을 의도적으로 구별하여 쓰고 싶을 경우도 있을 것이다. 그럴 때에는 메일 계정을 여러 개 만들어 메일을 보낼 때마다 지정을 바꾸는 것도 가능하다.

그러나 실수로 다른 계정으로 보내버릴 수도 있으니 가급적 일반적으로 사용하는 메일 계정 하나를 정해 두는 것이 좋다.

기본편

응용편

예문편

02 센스 있게 제목 달기

POINT 내용을 한눈에 알 수 있도록 제목을 붙인다.

☑ 제목만 봐도 용건을 알 수 있도록

받은 편지함에 들어온 메일 제목이 다음과 같다면 어떨까?

아마도 머리가 지끈거릴 것이다.

✉	**町田花子**	ABC社のBX1234の納品が遅れているため当社の…
✉	Honda	斉藤です。今朝の新聞に載っていた新事業のこ…
✉	**林（毎朝産業**	はじめまして
✉	yoko yamada	研修

　반면, 아래와 같이 메일 용건이 예측이 되는 제목이라면 받는 입장에서는 매우 편할 것이다.

【시급】BX1234의 납품지연에 대한 대응(관리과)

M사 신사업 「PARA」에 대하여 (정보 제공)

마이아사 산업신문으로부터 인터뷰 요청입니다

5월 20일 ABC연수 안내

✉	**町田花子**	【至急】BX1234の納品遅れへの対応（管理課）
✉	Honda	M社新事業「PARA」について（情報提供）
✉	**林（毎朝産業**	毎朝産業新聞からインタビューのお願いです
✉	yoko yamada	5月20日ABC研修のお知らせ

단어 ・恒例(こうれい) 항례, 상례, 정기　　・見積もり(みつもり) 견적

✅ 제목을 알기 쉽게 다는 방법

❶ 되도록 짧게 핵심 사항 넣기

긴 제목은 이해하기도 어렵고 받은 편지함의 표시 방식에 따라 뒷부분이 생략되기도 한다.

❌ △△社恒例春のトークイベントのチラシの校正をお願いします
◉ 春のトークイベントのチラシ校正のお願い
◉ △△社イベントのチラシ校正のお願い

→ 상대방이 무엇을 중요시 하는지 생각한다. △△사가 제 3자이며, △△사의 업무라는 것이 중요한 정보일 경우에는 세 번째 방식이 좋다.

△△사 정기 봄 토크 이벤트의 전단지 교정을 부탁드립니다

봄 토크 이벤트 전단지 교정 요청

△△사 이벤트 전단지 교정 요청

❷ 차별화된 정보 추가하기

보낸 사람 이름·회사명·부서명·날짜 등의 정보가 상대방에게 도움이 되는 경우도 있다. (p36 참조) 상대방이 동일한 제목을 여러 통 받을지 모른다고 생각될 경우에는 정보를 추가하여 차별화한다.

❌ 印刷費用のお見積もり
◉ 印刷費用のお見積もり（○○印刷株式会社）
◉ 入社案内・印刷費用のお見積もり

→ 회사명은 중요한 정보다. 여러 건의 견적 의뢰를 받을 경우에는 상품명 등을 구체적으로 적는다.

인쇄 비용 견적

인쇄 비용 견적(○○인쇄주식회사)

입사 안내 · 인쇄 비용의 견적

❸ 검색하기 쉬운 키워드 넣기

무엇인가 결정되거나 변경된 사항은 나중에 찾아보게 될 가능성이 높다. 상대방이 어떤 키워드를 넣고 검색할지 고려하여 제목을 붙인다.

❌ 来週の会議のタイムテーブルをお知らせします
◉ 6/15販売担当者会議のタイムテーブル（予定）

다음 주 회의 시간표를 안내해 드립니다

6/15 판매 담당자 회의 일정표(예정)

기본편

응용편

예문편

03 제목이 눈에 잘 띄려면?

POINT 기호+,【 】,( )를 넣는다.

☑ +를 사용해 용건 추가

상대방에게 보내는 답장에 제목과 관련 없는 내용을 덧붙였지만 메일을 별도로 나누어 보내고 싶지 않을 때도 있다. 그럴 경우에는 제목에 「+○○」 등을 삽입해 내용이 확장되었음을 알 수 있도록 한다.

3/6 뒤풀이 장소 + 회비 상의

고객 정보의 취급에 대하여
+ 매뉴얼 안

> Re:3/6打ち上げのお店 ＋ 会費のご相談
> Re:顧客情報の取り扱いについて ＋ マニュアル案

☑ 서두에【 】를 붙여 강조

제목의 서두에 짧은 단어를 붙여 내용이 눈에 띄도록 만든다.

【시급】서버B가 정지되었습니다
【확인 요청】개원식 초대장 원고
【정정】정전에 대한 안내 (관리과)
【재전송】후보 시설 리스트를 전송합니다

> 【至急】サーバBが停止しています
> 【ご確認依頼】開園式招待状の原稿
> 【訂正】停電についてのお知らせ（管理課）
> 【再送信】候補施設リストをお送りします

무심코 잘못 보내 다시 정정 메일을 보내야 할 경우에는 주의 환기를 위해【訂正 정정】표시를 붙이면 보다 친절하게 느껴진다.

또한 첨부 파일을 빠뜨려 동일한 내용을 다시 전송해야 할 경우【再送信 재송신, 재전송】표시를 넣으면 메일을 받는 쪽에서도 혼란을 피할 수 있다.

단어　・打ち上げ(うちあげ) 뒤풀이, 쫑파티　・取り扱い(とりあつかい) 취급, 다룸

【重要중요】 표시는 빈번하게 사용하지 않는 것이 좋다. 상대방의 받은 편지함에 나열된 용건은 기본적으로 모두 중요한 내용일 테니 말이다. 단, 사내 메일에서 상사가 부하에게 주의를 환기시키고 싶을 경우에는 효과적이다.

마지막에 ( )로 보충

제목에 ( )를 달아 보충해도 좋다. 예를 들어 메일에서 계속 검토를 거쳤던 내용이 최종 결정됐을 경우에는 다음과 같이 작성한다.

> 新製品123の愛称について （案）
> Re:新製品123の愛称について （決定）
> 大山屋店舗見学は3月5日 （決定）

▶ 신제품 123의 애칭에 대하여 (안)
Re: 신제품123의 애칭에 대하여 (결정)
오야마야 점포 견학은 3월 5일 (결정)

일정 조정에 대한 답장과 같이, 상대방이 동일한 제목의 메일을 많이 받았으리라 추측되는 경우에는 제목에 보낸 사람 이름을 넣는 것도 효과적이다. 또한 업데이트한 파일을 여러 차례 보낼 경우에는 제목에 날짜나 버전을 기입하는 것도 좋다.

> Re:上半期事業会議の日程調整 （中村）
> Re:○○についての覚書き案 （20XX.9.13版）
> Re:○○についての覚書き案 （ver.3）

▶ Re: 상반기 사업회의 일정 조정 (나카무라)
Re: ○○에 대한 각서 안 (20XX.9. 13버전)
Re: ○○에 대한 각서 안 (ver.3)

시간 있을 때 읽어 주기를 바라는 내용이나 관계자에게 보내는 뉴스 배포 정도의 내용일 경우에는 다음과 같이 표기하는 것도 친절한 방법이다.

> ○○社の実績について （補足）
> 7月7日新製品プレスリリース （ご案内）
> 8月3日政府発表の詳細 （情報提供）

▶ ○○사의 실적에 대하여 (보충)
7월 7일 신제품 보도 자료 (안내)
8월 3일 정부 발표의 상세 (정보 제공)

단어   ・上半期(かみはんき) 상반기   ・覚書き(おぼえがき) 각서   ・補足(ほそく) 보족, 보충, 부연

제목을 변경할 때 · 변경하지 않을 때

POINT 같은 주제라면 제목을 바꾸지 않고 RE로 연결한다.

☑ 제목이 '트리'로 연결된다

상대방으로부터 온 메일에 답장할 때는 답장 버튼을 클릭하여 메일을 작성해서 'RE:'의 뒤에 원래의 제목을 남기는 것이 원칙이다. 제일 처음 메일의 제목을 이어가면 제목을 검색하기만 해도 지금까지 주고받은 내용을 모두 연결된 상태로 이어서 볼 수 있다.

메일의 제목을 무턱대고 바꾸면 이와 같은 기능을 쓸 수 없게 된다.

☑ 화제가 바뀌면 제목을 바꾼다

메일은 '1통 1건'이 기본이지만, 약간의 여담이나 예고 정도의 소소한 화제를 본론에 추가하는 경우도 종종 있다. 그러나 상대가 여담 부분에 초점을 맞추어 그대로 화제가 바뀌는 경우도 있다. 그럴 때는 여러 개의 주제가 혼동되지 않도록 제목을 새롭게 붙여 별도의 메일로 전송하는 것이 좋다.

件名　**Ａプロジェクトの最終報告について**

(A프로젝트의 최종 보고에 대한 내용)

9月には、Bプロジェクトも開始しますので、
よろしくお願いいたします。

제목 A프로젝트의 최종 보고에 대해

9월에는 B프로젝트도 시작되므로
잘 부탁드립니다.

상대방으로부터 온 답장

件名　**RE: Ａプロジェクトの最終報告について**

(A프로젝트의 최종 보고에 대한 답변)

>9月には、Bプロジェクトも開始しますので、
>よろしくお願いいたします。
Bプロジェクトについても、
Aプロジェクトと同じスタッフを予定しておりましたが、
現在のところ、ADの鈴木の参加が難しくなっております。

제목 RE: A프로젝트의 최종 보고
에 대해

> 9월에는 B프로젝트도 시작되므
로 잘 부탁드립니다.
B프로젝트에 대해서도 A프로젝트
와 동일한 직원을 예정하고 있는
데, 현재로서는 AD인 스즈키의 참
석이 어렵게 되었습니다.

상대방에게 보내는 답장 (답장을 두 건으로 나누기)

件名　**RE: Ａプロジェクトの最終報告について**

(A프로젝트의 최종 보고에 대한 재답변)

Bプロジェクトについては、別メールにて返信致します。

제목 RE: A프로젝트의 최종 보고
에 대해

B프로젝트에 대해서는 별도의 메
일로 답변드리겠습니다.

件名　**Ｂプロジェクトのご担当について**

Bプロジェクトにつき、さっそくのご検討
ありがとうございます。・・・

제목 B프로젝트의 담당에 대해

B프로젝트에 대해, 즉시 검토해 주
셔서 감사합니다. …

기본편

응용편

예문편

단어　・件名(けんめい) 건명, 제목　　・開始(かいし) 개시, 시작　　・参加(さんか) 참가, 참석

받는 사람(TO) · 참조(CC) · 숨은 참조(BCC)의 구별

> POINT 각각의 의미를 이해하여 수신자를 적절히 입력한다.

'메일 쓰기' 창을 열면 상단에 수신자 칸이 세 가지로 나타난다.
(숨은 참조(BCC)는 숨겨져 있는 경우도 있다.)

받는 사람(TO) :	
참조(CC) :	
숨은 참조(BCC) :	

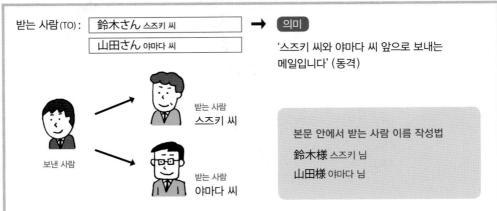

받는 사람(TO) : 　鈴木さん 스즈키 씨　 → 의미

참조(CC) : 　山田さん 야마다 씨　

'스즈키 씨 앞으로 보내는 메일이지만 야마다 씨에게도 메일의 사본을 보냅니다'

보낸 사람

받는 사람
스즈키 씨

스즈키 씨 앞으로 보내는 메일을
야마다 씨에게도 동시 발송
야마다 씨

서로 동일 메일을
전송 받은 사실을 안다.

본문 안에서 보낸 사람 이름 작성법　※ 다음과 같이 참조자가 있음을 참조(CC)로 명기

鈴木様

CC : 山田様

※ 받는 사람(TO)이 회사 외부 사람이며 참조(CC)가 회사 내부 사람인 경우에는 경칭 생략

◉ CC : 山田 야마다

◉ CC : 山田(営業部) 야마다(영업부)

◉ CC : 経理課 경리과

✖ CC : 山田課長 야마다 과장님

→ 이름 뒤의 직함은 경칭에 해당된다. 외부에 메일을 보낼 때 자기 회사 사람의 이름에는 직함을 붙이지 않는다.

받는 사람(TO) : 　鈴木さん 스즈키 씨　 → 의미

숨은 참조(BCC) : 　山田さん 야마다 씨　

'스즈키 씨 앞으로 보내는 메일입니다' (비공개로 야마다 씨에게 메일 사본을 보냅니다.)

보낸 사람

받는 사람
스즈키 씨

스즈키 씨 앞으로 보내는 메일을
야마다 씨에게도 동시 발송
야마다 씨

스즈키 씨에게는 야마다 씨의 존재가 보이지 않으며, 야마다 씨는 스즈키 씨 앞으로 보내는 메일이 자신에게 동시에 전송된 사실을 알고 있다.

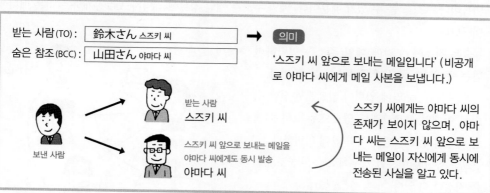

　　BCC란 Blind Carbon Copy의 약자로 상대방에게는 알리지 않고 메일 사본을 다른 사람에게 동시에 보낸다는 의미다. 실제 업무에서는 직접 연관은 없으나 일의 진행 상황을 알리고 싶을 때 주로 사용한다. 그 밖에 자신의 별도 메일 계정에 송신하거나 단체 메일을 보낼 때 각 송신처의 메일 계정을 비공개로 보내기 위해 사용된다. (p42 참조)

그룹 송신·숨은 참조(BCC) 활용하기

POINT 주소를 보호하면서 정보를 효율적으로 공유하는 방법

☑ 이메일 프로그램에서 '그룹 송신' 기능을 활용

그룹 송신은 단체 메일을 발송하는 기능으로 다음과 같이 효율적인 정보 공유가 가능하다.

① 진행 중인 안건의 정보를 회사 외부·내부의 제 3자와 공유한다.
② 여러 명에게 동일한 내용을 일괄 송신하여 알린다.

여러 명에게 알림 메일을 발송할 경우 그룹 송신 기능을 사용하면 편리하다. 그룹 송신은 연락처(주소록)에서 송신자의 그룹을 작성하여 해당 그룹을 수신자로 지정한다.

☑ 숨은 참조(BCC)를 사용하여 주소를 비공개로

서로 안면이 없는 사람들에게 단체로 발송할 경우에는 숨은 참조(BCC) 기능을 사용하는 것이 좋다. 받는 사람(TO)이나 참조(CC) 칸에 다수의 메일 주소를 입력해서 발송하면 받는 쪽에서 다른 수신자의 이름이나 주소를 볼 수 있기 때문이다. 메일 주소는 개인 정보에 해당하므로 공개하는 것은 매너에 어긋난다.

숨은 참조(BCC) 칸에 메일 주소를 입력하면 받는 쪽에서 다른 사람의 주소를 볼 수 없다.

받는 사람(TO) 칸에 입력이 없으면 송신할 수 없는 이메일 프로그램도 있으므로 그럴 때에는 자신의 주소를 받는 사람 칸에 입력한다.

그룹 송신을 이용할 경우에도 숨은 참조(BCC)를 지정할 수 있다.

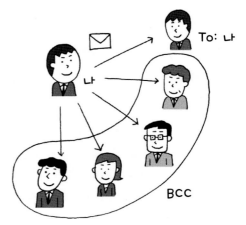

☑️ 본문에서 숨은 참조(BCC)로 발송했음을 명기할 것

숨은 참조(BCC)로 여러 명에게 동시에 발송한 사실을 알리는 것이 친절하게 느껴진다. 예를 들면 서두에 「各位 각위, 여러분」, 「〜の皆様へ 〜의 여러분께」 등을 시작으로 다음과 같이 적는다. (p120 참조)

各位
△△社研修事業部の太田です。
このメールは、7月15日からの夏期指導者研修に
参加のお申し込みをいただいている皆様に、
BCCでお送りしております。

▶ 각위(여러분)
△△사 연수 사업부의 오타입니다.
이 메일은 7월 15일부터 시작되는
하계 지도자 연수에 참가 신청을
하신 여러분께 BCC로 보냅니다.

Column 칼럼

그룹 송신 설정 방법

[Windows Outlook 2010]
연락처 → 홈 탭의 '새 메일 그룹' → 폴더명 입력 → '구성원 추가'에서 구성원 등록
→ 저장
＊메일 작성 시 새 메일창을 열고 BCC 칸에 그룹명을 선택

[Macintosh 메일] (별도 어플리케이션 '연락처'로 주소 관리)
연락처 → 파일 → 신규 그룹 → 그룹명 입력 → '모든 연락처'에서 등록하고 싶은
사람의 카드를 그룹명으로 드래그 → 닫기
＊메일의 BCC 칸에 작성한 그룹명을 입력

자동 표시되는 받는 사람 이름은 수정해야 할까?

POINT 수정을 안 할 것인지, 경칭을 붙일 것인지 확실히 한다.

☑ '그대로' 사용하는 편이 간단하다

답신을 작성할 때 받는 사람 칸에 표시되는 이름이나 주소록에 등록할 때 표시되는 이름은 특별히 수정하지 않는 한 자동적으로 상대가 작성한 이름으로 입력된다. 받는 사람 칸이나 연락처의 이름을 일일이 바꿔 적는 것도 꽤나 번거로운 일이다. 대부분의 사람들이 업무 메일에서 상대방이 보내온 이름 그대로 받는 사람 이름으로 사용하고 있다. 받는 사람 칸에 경칭이 붙어 있지 않은 것에 대해 신경 쓰는 사람은 그다지 많지 않기 때문에 이 부분에 특별히 수고를 들이지 않아도 좋다. 그러나 업계나 회사 분위기에 따라서는 경칭을 붙이는것을 철저히 지키는 경우도 있으니 자신이 속해 있는 곳의 규칙을 따르도록 한다.

☑ 등록명을 새로 작성하는 경우

만일 보낸 사람 이름이 알기 어렵게 되어 있거나 이름이 아닐 경우, 보내온 그대로 주소록에 등록하면 나중에 찾기 어려울 수도 있다.

그럴 경우에는 다음과 같이 이름을 새로 등록하는 것이 좋다.

> ① 鈴木 一郎 스즈키 이치로 : 간단하게 이름만 입력하기
> ② 鈴木 一郎 樣 스즈키 이치로 님 : 경칭 붙이기
> ③ △△社 鈴木 一郎 樣 △△사 스즈키 이치로 님 : 회사명까지 입력하기

가장 무난한 것은 ②번이다. 상대에 따라 「樣 님」 또는 「先生 선생님」를 붙인다.

「○○課長 과장님」와 같은 직함은 변동될 수 있으므로 입력을 피하도록 한다.

③번은 정중하면서 자신도 알아보기 쉽다.

무엇보다 주소 등록 시 상대방의 이름을 잘못 쓰거나 회사명을 회사 동료들끼리 사용하는 속칭으로 입력하지 않도록 철저히 주의해야 한다.

☑️ 경칭이 뒤죽박죽 섞여 있으면 단체 메일 보낼 때 곤란해진다

위의 ①번과 ③번의 등록 방법이 섞여 있으면 여러 사람에게 동시에 메일을 발송 할 때 문제가 발생한다. 받는 사람 칸에 경칭이 붙어 있는 사람과 아닌 사람이 열거되어 있으면 받는 사람에게 실례가 되기 때문이다. 이 경우에는 경칭을 붙인 사람에 대해서는 주소만 복사해서 붙여 넣는 식으로 하여 경칭의 유무가 드러나는 것을 피한다.

메일을 받으면 보낸 사람의 이름과 연락처를 모두 주소록에 등록하는 사람도 있다. 공들일 자신이 있는 사람이라면 등록 방법을 통일시켜 보낸 사람의 이름에 경칭과 회사명을 입력해 두자. 나중에 검색하기도 쉽고 단체 메일을 발송할 때도 문제가 생기지 않는다.

그러나 그렇게까지 공들일 필요가 있을까 싶은 사람들도 있을 것이다. 애매모호하게 하지 말고 각자 상황에 맞게 명확하게 방침을 세워두는 것이 좋다.

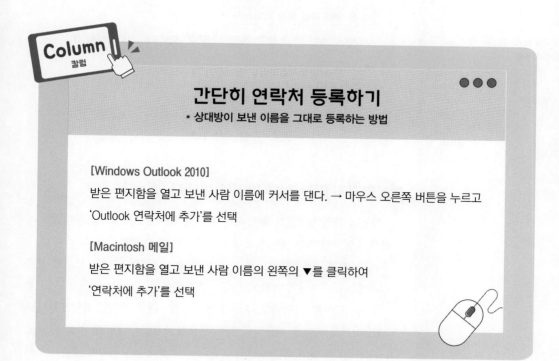

Column
칼럼

간단히 연락처 등록하기
* 상대방이 보낸 이름을 그대로 등록하는 방법

[Windows Outlook 2010]
받은 편지함을 열고 보낸 사람 이름에 커서를 댄다. → 마우스 오른쪽 버튼을 누르고
'Outlook 연락처에 추가'를 선택

[Macintosh 메일]
받은 편지함을 열고 보낸 사람 이름의 왼쪽의 ▼를 클릭하여
'연락처에 추가'를 선택

파일을 첨부할 때의 매너

POINT 상대방의 통신 환경이나 이메일 프로그램, 기기 종류를 고려한다.

☑️ 파일을 첨부한 사실을 메일 본문에 적는다

파일을 첨부할 경우에는 본문 중에 그 내용을 적어 두는 것이 매너다. 파일이 열리지 않는 문제도 발생할 수 있으므로 파일 종류의 정보를 함께 알려 주면 보다 친절하게 느껴진다.

요약을 첨부하오니 확인해 주세요.
(Word 2010)

> **본문 중에 파일 종류 기입하기**
>
> レジメを添付いたしますので、ご確認ください。（Word 2010）

첨부 파일: 사용자 조사 개요.docx
　　　　　사용자 조사 분석.docx
　　　　　상품 팸플릿.pdf

> **본문 끝(서명 위)에 파일명 열거하기**
>
> 添付ファイル： ユーザー調査概要.docx
> 　　　　　　　ユーザー調査分析.xlsx
> 　　　　　　　商品パンフレット.pdf

☑️ 열리지 않는 첨부 파일을 보내지 않는다

파일을 작성한 소프트웨어, 혹은 호환성 있는 소프트웨어를 상대방이 사용하지 않으면 첨부 파일을 보내도 상대방이 열 수 없다.

워드. 엑셀, 파워포인트, PDF, 이미지(jpg) 이외의 파일을 보내고 싶은 경우에는 상대방에게 미리 확인하는 것이 좋다.

소프트웨어의 버전에도 주의가 필요하다. 워드, 엑셀, 파워포인트도 2003 이전의 버전을 사용하고 있는 사용자는 2007 / 2010버전(docx, xlsx, pptx)를 열 수 없기 때문에 주의가 필요하다. 상대방이 열리지 않는다고 하면 하위 버전으로 다시 저장하든가 PDF로 변환해서 보내는 것이 좋다.

단어   • レジメ 요약(レジュメ라고도 함)

📥 윈도우즈와 매킨토시의 호환성

워드, 엑셀, 파워포인트는 윈도우즈(Windows)와 매킨토시(Macintosh)의 사이에서 호환성이 있으나 서식이 미묘하게 틀어지는 경우가 있다. 또한 서체에 호환성이 없어서 명조체, 고딕체 이외의 서체를 사용하면 상대방이 열었을 때에 전혀 다른 서체로 표시되는 경우도 있다.

그러나 PDF라면 사용한 서체 그대로 표현된다. 단, PDF는 기본적으로 내용을 변경할 수 없으므로 상대방이 가공해서 이용하기를 원할 경우에는 적합하지 않다.

📥 엑셀 파일의 첨부

엑셀 파일은 여는 컴퓨터에 따라 인쇄 범위가 벗어나는 경우가 있다. 페이지 나누기 지정을 하거나 여백에 여유를 두어 상대방이 쉽게 인쇄할 수 있도록 배려한다.

📥 용량에도 주의한다

Outlook 2010에서는 20MB를 넘는 파일을 첨부하면 오류 메시지가 나오므로 대용량의 파일을 첨부할 때는 주의가 필요하다. 대용량 메일은 서버에서 받아들여지지 않는 회사나 관공서도 있다. 첨부 파일은 2MB 정도로 제한하는 것이 바람직하다. 만일 대용량 파일을 보내고자 할 때는 '파일 전송 서비스'를 이용한다.

무엇이든 첨부 파일로 괜찮을까?

POINT 받는 사람이 파일을 받은 후 무엇을 할지 생각해 본다.

☑ 첨부 파일로 적합한 문서 · 적합하지 않은 문서

요즘은 모든 종류의 비즈니스 문서를 첨부 파일로 주고받는다. 그러나 예의를 갖추어서 보내야 할 문서나 편지는 첨부 파일로 보내지 않는다.

💡 첨부 파일로 주고받을 수 있는 문서

- ◎ 문서, 보고서, 자료
- ◎ 의뢰서 (단, 공식적으로 날인을 하는 문서는 우편으로 송부)
- ◎ 기획서, 제안서, 계획서
- ◎ 이벤트 등의 개최 안내
- ◎ 원고, 사진 등

💡 첨부 파일로 적절하지 않은 문서

- ✖ 인사장 · 송장 (가벼운 내용이라면 메일 본문에 기입)
- ✖ 격식을 갖춘 인사장 (편지로 발송)
- ✖ 사과문 (가벼운 내용이라면 메일 본문에 기입)
- ✖ 공식적인 초대장 (기념행사 등)

☑ 본문에서 처리할 수 있는 내용은 첨부 파일로 보내지 않는다

첨부 파일 기능은 앞서 말한 바와 같이 독립적인 문서나 데이터를 작성해서 송부할 때 이용한다. '메일 본문이 길어지면 첨부 파일로 보낸다'는 발상은 잘못되었다. 메일 본문에 적어도 될 내용을 굳이 첨부 파일로 보내는 것은 오히려 폐가 된다. 첨부 파일은 메일 용량을 많이 차지하는 데다가 한 번 더 클릭해야 하는 수고를 끼치기 때문이다.

💡 첨부 파일로 주고받을 수 있는 문서

☑ 이미 있는 전자 데이터 자료나 문서

☑ 별도로 정리해야 하는 문서 (의뢰서, 요강, 매뉴얼, 회의록 등)

☑ 받는 사람 쪽에서 출력해서 보관하거나 휴대할 것으로 예측되는 문서

☑ 그림이나 사진을 삽입하고 싶은 문서

☑ 수정할 부분이 있거나 기입이 필요한 문서

☑ 표 계산 등 소프트웨어 기능을 활용하고 싶은 문서

📥 상대방의 다음 액션을 생각한다

상대방이 파일을 받은 뒤에 무엇을 할지 생각하여 파일의 첨부 방식을 궁리한다.

① 기입 · 정정 · 가공 · 다른 용도로 사용할 가능성이 있는 자료

　→ 워드 또는 엑셀 파일로 보낸다.

② 내용이 변경되면 안 되는 자료, 서식이 복잡하여 틀어질지 모르는 자료(단 · 표 설정 등), 특수한
서체를 사용하고 있는 자료

　→ PDF 파일로 변환한다.

③ 수십 페이지 분량으로, 상대방 쪽에서 프린트하리라 예측되는 자료

　→ 우편으로 발송한다. 서둘러 처리해야 할 때는 우편과 첨부 파일을 모두 발송하고, 메일 본문
　에「郵送でもお送りしておきます。우편으로도 송부해 두었습니다」라고 덧붙인다.

메일링 리스트 활용법

메일링 리스트란, 아래 그림과 같이 서버를 사용해 여러 명의 구성원이 메일을 교환하여 서로 이야기할 수 있는 시스템이다. Google의 '그룹스'나 Yahoo의 '그룹' 등도 무료로 사용할 수 있는 메일링 리스트다. 유료 서비스 중에는 기능적으로 구성원을 관리하기 쉬운 시스템도 있다.

| 메일 송신 | 전원 수신 | 한 명 답신 | 전원 수신 |

메일링 리스트는 업무의 정보 교환이나 협의, 브레인스토밍 등에도 활용할 수 있다.
보다 원활한 운영을 위해 다음과 같은 사항을 염두에 두자.

① 무엇을 위해, 어떤 성과를 얻기 위해서인지 목적을 명확하게 하여 관리자 또는 사회자(겸해도 된다)가 이야기의 방향을 조율하거나 활성화하는 역할을 맡는다. 필요하다면 기한을 설정한다.
② 서로 대화한 내용을 외부에 공개하거나 이용하는 것에 대해 규칙과 방침을 정해 둔다.
③ 제일 먼저 모든 구성원이 한마디씩 자기소개를 하면 대화에 참여하기 쉬워진다. 구성원에 따라 화제에 제약이 있는 경우가 있으므로 구성원의 범위는 제일 처음에 명확하게 해 둔다.
④ 특정 개인을 향한 공격적인 발언에 대해서는 관리자가 주의를 주는 등 최소한의 규칙을 정해둔다.
⑤ 오프라인에서 구성원이 만나는 기회를 만들면 보다 활성화된다.

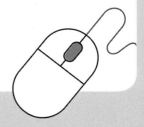

[기본편]

3장

본문의 기본 규칙

주요 어휘

01 줄바꿈을 활용하여 가독성 높이기

POINT '보기 편한 메일'을 쓰도록 항상 유의한다.

☑ 가득 채우지 않는다

줄바꿈을 적절히 사용하여 읽기 쉽고 간결하게 정리한다.

✖ 읽기 어려운 메일의 예

○○社

北村　次郎　様

昨日はお忙しいところ、貴重なお時間をいただき、ありがとうございました。昨日のお話の中で、北村様からご指摘いただきました次の2点について、早急に対応したいと考えております。

1　□□社が2009年に開始している類似事業の状況を調査して、情報提供をする必要があるのではないか。

2　資料として、本システムの導入状況を地域別に示すと、営業戦略が立てやすいのではないか。

来週中にはこれらの点を含め、企画書全体の素案を完成し、またご意見をうかがいたいと考えております。なお、貴社の調査結果もまとまり次第、ご提供いただけますと助かります。

なにとぞよろしくお願いいたします。

△△株式会社　営業部企画課　山田　陽子

y.yamada@sankaku.co.jp

000-0000東京都新宿区○○1-2-3　TEL 00-0000-0000

◉ 개선된 메일의 예

□□社

北村　次郎　様

昨日はお忙しいところ、貴重なお時間をいただき、
ありがとうございました。

昨日のお話の中で、北村様からご指摘いただきました
次の2点について、早急に対応したいと考えております。

1　□□社が2019年に開始している類似事業の状況を
調査して、情報提供をする必要があるのではないか。

2　資料として、本システムの導入状況を地域別に示すと、
営業戦略が立てやすいのではないか。

来週中にはこれらの点を含め、企画書全体の素案を完成し、
またご意見をうかがいたいと考えております。

なお、貴社の調査結果もまとまり次第、
ご提供いただけますと助かります。

なにとぞよろしくお願いいたします。

□□사
기타무라 지로 님

어제는 바쁘신 중에, 귀중한 시간
을 내 주셔서 감사했습니다.

어제의 말씀 중에 기타무라 님께서
지적해 주신 다음의 두 가지 부분에
대해서 조속히 대응하고자 합니다.

1. □□사가 2019년에 개시한 유사
사업의 상황을 조사하여 정보 제공
할 필요가 있지 않은가?

2. 자료로서 본 시스템의 도입 상
황을 지역별로 나타내면 운영 전략
을 세우기 쉽지 않을까?

다음 주 중에는 이 부분을 포함하
여 기획서 전체의 초안을 완성하여
다시 의견을 여쭙도록 하겠습니다.

아울러 귀사의 조사 결과도 정리되
는 대로, 제공해 주시면 감사드리
겠습니다.

아무쪼록 잘 부탁드리겠습니다.

☑ 읽기 편한 메일 작성법

☑ 25~35자 정도의 끊기 쉬운 곳에서 줄바꿈을 한다.
☑ 단락 사이는 한 줄을 띈다.
☑ 가급적 5줄 이내에서 한 차례, 한 줄을 띈다.
☑ 항목별로 기입을 하기 전과 후에는 한 줄을 띈다.
☑ 항목별 내용이 길어질 경우는 각각의 항목 사이도 한 줄을 띈다.

단어　　・まとまり次第 (まとまりしだい) 정리되는 대로　　　・助かる (たすかる) 살아나다, 도움이 되다

기본편

응용편

예문편

메일 본문의 서두는 받는 사람 이름부터?

POINT 받는 사람 이름의 표기는 상황에 맞게 격식의 수위를 조절한다.

☑ 받는 사람 이름부터 시작한다는 마음으로

본래 메일은 간결하게 작성하는 게 제일이라는 인식이 있어서 예전에는 본문에 받는 사람 이름을 적지 않는 경우가 많았다. 그러나 지금은 업무 메일에서 받는 사람 이름을 적는 것이 일반적이다.

분문에 받는 사람 이름부터 쓰는 것은 상대에 대한 경의를 표하는 좋은 습관이다. 하지만 적지 않는다고 해서 매너에 어긋나는 것은 아니다.

☑ 받는 사람에 붙이는 경칭은? 소속은?

일반적으로 이름 뒤의 경칭은 「様님」를 붙인다. 「様」를 부드럽게 「さま」로 히라가나로 적는 사람도 많아졌다. 그러나 친하지 않은 상대에게 격식 차려 메일을 보낼 때에는 「様」를 적는 것이 무난하다.

의사, 변호사, 위원, 작가 등에게는 「先生선생님」를 붙인다.

그리고 직함은 그 자체로 경칭의 의미가 포함되어 있기 때문에 직함 뒤에 「様」를 덧붙이는 것은 옳지 않다. 즉 「課長様」라고 적지 않는다.

「各位 각위, 여러분」도 경칭의 의미가 포함되어 있으므로 「各位様」라고 적지 않는다.

이름은 풀네임으로 적어야 정중하지만, 일상적인 대화를 나누는 관계라면 간략하게 적어도 된다.

받는 사람 이름 앞에 소속을 적을지 말지에 대해서는 상황에 따라 판단한다. 처음 연락하는 상대, 예의를 갖추어야 하는 상대라면 상대방의 회사명, 소속 부서를 적는다. 정식 부서명이나 직함을 넣으면 더욱 격식 차린 느낌을 줄 수 있다.

단어 • 各位(かくい) 각위, 여러분

또한, 문서의 경우에는 「株式会社 주식회사」를 포함하여 정식 명칭으로 적는 것이 예의지만, 메일의 경우에는 일반적으로 통용되는 명칭을 많이 사용한다. 담당자끼리의 메일 교환이라면 서로 회사명은 생략하는 편이 번거로움을 덜 수 있다.

◎ 海山商事株式会社　営業課　← 정중한 작성법
　課長　鈴木和夫　様

✕ 海山商事株式会社　営業課
　鈴木課長　様　← 직함과 경칭이 중복

◎ 海山商事　← 일상적인 연락에서 회사명은 일반적으로 통용되는 명칭으로 OK
　鈴木和夫　様　← 직함을 반드시 적을 필요는 없다.

◎ 鈴木様　← 일상적으로 메일을 주고받는 담당자끼리라면 간략히 적는 것도 OK

◎ 鈴木さま　← 격식 차리는 관계가 아니라면 OK

✕ 鈴木さん　←「さん」보다「様」를 붙이는 것이 일반적이다.
　　　　　　　그러나 회사 내부의 메일에서는「さん」을 사용하는 경우도 있으므로 회사 규칙을 따른다.

✕ 海山商事
　鈴木和夫　様
　CC：山田課長　← 회사 외부로 보내는 메일을 상사에게 참조(CC)로 첨부할 경우는 상사의 이름 뒤에 직함을 붙이지 않는다.

◎ 各位　← 여러 사람에게 동시에 발송할 경우에 사용한다.

◎ 委員の皆様へ　←「委員各位 위원 여러분」도 동일한 의미다.

기본편

응용편

예문편

거부감 없이 부르는 상대방 호칭은?

POINT 친한 사이가 아니면 처음부터 끝까지「様」로, 스스럼 없는 사이라면「さん」으로!

📋 받는 사람 이름에「様」를 적었다면 본문 안에서도「様」를 붙여야 하나?

　본문 첫머리의 받는 사람 이름에「様」를 붙였는데, 본문 안에서도 상대방의 이름에「様」를 붙여야 하는지「さん」으로 해도 괜찮은지 망설여질 때가 있다.

　　☑ 상대가 손윗사람이거나 약간 거리감이 있는 사람 → 본문 안에서도「様」
　　☑ 평소에 친근하게 대화하는 사이라 너무 정중하게「様」라고 하면 거부감이 느껴질 경우 → 받는 사람 이름에「様」를 붙였다 해도 본문 안에서는「さん」을 써도 괜찮다.

　＊메일 서두의 받는 사람 이름에「さん」을 붙이는 것을 권하고 싶지 않다. 받는 사람 이름을 표기할 때는 예의를 갖춘다는 의미도 있기 때문이다. 그러나 회사에 따라서는 내부 사람들과 주고받는 메일에서는 관례적으로 이름 뒤에「さん」을 붙이기도 하므로 상황에 맞게 적절히 사용한다.

📋 상대방의 이름을 적지 않고 작성하는 방법

　1:1 메일에서는 경어를 붙이면 상대방에게 말한다는 것을 알 수 있다. 따라서 만일 상대방의 호칭이 고민된다면 상대방의 이름을 부르지 않고 작성할 수 있는 방법을 생각해 보자.

야마다 님이 지난번 지적하신 것처럼, 이 부분은 수정이 필요하다고 생각합니다.

지난번 지적하신 것처럼, 이 부분은 수정이 필요하다고 생각합니다.

> 山田様が先日指摘されましたように、
> この部分は修正が必要かと思います。
> 　　　↓
> 先日指摘されましたように、
> この部分は修正が必要かと思います。

📩 받는 사람 이름의 경칭과 본문에서의 호칭의 예

회사 외부에 메일을 보낼 때 회사 사람을 어떻게 호칭하는지, 그리고 회사 내부의 메일에서 상사에 대한 호칭 등은 어떻게 하는지 살펴보자.

회사 외부에 보내는 메일

□□株式会社業務課
課長　鈴木　孝　様

…생략…

最初に弊社社長のあいさつがありますので、続いて、
鈴木様にごあいさつをいただきたく存じております。

▶ □□ 주식회사 업무과
　　과장 스즈키 다카시 님

제일 처음에 당사 사장의 인사가
있으므로, 이어서 스즈키 님께서
인사를 해 주셨으면 합니다.

회사 상사에게 보내는 메일

山田課長　← 사내 메일의 경우 받는 사람 이름은 생략 가능

…생략…

最初に社長にあいさつをしていただき、続いて、
課長にお願いしたいと考えております。

▶ 야마다 과장님

제일 처음에 사장님께서 인사를 해
주시고, 이어서 과장님께 부탁드리
고 싶습니다.

친한 회사 외부 사람에게 보내는 메일

石井様

…생략…

最初に弊社の山田があいさつをすることに
なっておりますが、
続いて、石井さんにごあいさつをいただければと
考えております。

▶ 이시이 님

제일 처음에 당사 야마다가 인사를
하게 되어 있는데, 이어서 이시이
씨께서 인사를 해 주셨으면 합니다.

기본편

응용편

예문편

04 다양한 인사말

POINT 인사말은 무리하게 공들이지 말고 심플하게 적는다.

☑ 인사말 앞에 자신의 이름을 밝히는 것이 좋을까?

업무 메일에서는 일반적으로 서두에서 「○○社のイ・ミンホです ○○사의 이민호입니다」라고 소속과 이름을 밝힌다. 짧은 메일의 경우 생략기도 하지만 서두에서 자신의 이름을 밝히는 것이 좋다. 만일 받는 사람이 스크롤바를 내려야만 메일 하단의 서명을 확인할 수 있다면 불친절하다는 느낌을 줄 수 있다.

예전에는 메일의 가장 첫 줄에 많이 적었으나 요즘에는 인사말 뒤에 적는 사람도 많다.

△△사의 오무라입니다,
신세지고 있습니다(안녕하세요).

신세지고 있습니다(안녕하세요).
△△사의 오무라입니다,

◉ △△社の大村です。
　お世話になっております。

◉ お世話になっております。
　△△社の大村です。

☑ 인사말은 간결하게 한 줄 적는다

업무 메일의 인사는 간략해도 상관없다. 간략한 대화가 일반화되어 있기 때문에 날씨 등의 장황한 인사는 오히려 거부감이 들 수도 있다.

신세지고 있습니다(안녕하세요).

일반적인 인사

◉ お世話になっております。

◎ いつもお世話になっております。

→ 대표적인 인사말로 대부분의 상황에서 통용된다.

 늘 신세지고 있습니다.

◎ おはようございます。

→ 항상 메일을 주고받는 사람에게 아침 일찍 연락할 때

안녕하세요.(아침 인사)

격식 차린 인사

◎ 平素は格別のお引き立てを賜り、
　誠にありがとうございます。

평소 각별히 돌보아 주셔서
대단히 감사합니다.

◎ 日頃はひとかたならぬご厚情をいただき、
　厚く御礼申し上げます。

평소 많은 온정을 베풀어 주셔서
깊이 감사의 말씀 올립니다.

→ 이 인사말들은 비즈니스 메일의 정형화된 문구로 일반적인 메일에서는 자주 사용하지 않지만 특별히 격식을 차려 메일을 작성하고 싶을 때는 사용해도 좋다.

초면 인사

◎ 初めてメールを差し上げます。
　私は、△△株式会社の島田と申します。

처음으로 메일을 드립니다.
저는 △△주식회사의 시마다라고
합니다.

◎ 突然のメールで失礼をいたします。
　△△株式会社の島田と申します。

갑작스럽게 메일 드려 죄송합니다.
△△주식회사의 시마다라고 합니다.

◎ △△株式会社の島田と申します。
　□□社の山田様からご紹介いただきまして、
　メールを差し上げております。

△△주식회사의 시마다라고 합
니다.
□□사의 야마다 님으로부터 소개
를 받아 메일을 드립니다.

◎ 浜田先生
　たいへん失礼ながら、メールでご挨拶申し上げます。
　私、△△社の島田と申します。
　研究所のホームページで先生のご連絡先を拝見し、
　メールを差し上げております。

하마다 선생님
대단히 실례합니다만, 메일로 인사
올립니다.
저는 △△사의 시마다라고 합니다.
연구소 홈페이지에서 선생님의 연
락처를 보고 메일을 드립니다.

→ 처음 메일을 보낼 경우, 메일 주소를 알게 된 경위를 적는 것이 좋다.

기본편

응용편

예문편

단어　· 引き立て(ひきたて) 특별히 돌봐 줌　　· 賜る(たまわる) 윗사람에게서 받다, 내려 주시다

메일 감사합니다.

연락 감사합니다.

신속한 답변 감사합니다.

여러 번 메일을 보내 죄송합니다.

거듭된 메일로 실례가 많습니다.

격조했습니다(오랫동안 연락을 못
드렸습니다).
그 후 별고 없으십니까?

꽤 오랫동안 연락 못 드렸습니다.
△△사의 시마다입니다.

메일로 대단히 실례가 많습니다.

답장 메일의 인사

◉ メールありがとうございました。

◉ ご連絡ありがとうございました。

◉ 早速のご返信ありがとうございました。
→ 답장의 경우 「お世話になっております」의 뒤에 이어서 적으면 좋다.

◉ たびたびのメールになり、申し訳ありません。

◉ 重ねてのメールで失礼をいたします。
→ 보충 설명이나 수정 사항, 다른 건 등으로 하루에 여러 번 메일을 보낼 경우

오래간만의 인사

◉ ご無沙汰しております。
　その後、お変わりありませんでしょうか。

◉ すっかりご無沙汰をしております。
　△△社の島田です。

→ 6개월 이상 연락을 못했을 경우에 사용한다. 이 인사말과 「お世話になってお
ります」를 함께 쓰면 어색하다.

메일로는 성의 없다고 느껴질 때

◉ メールでたいへん失礼をいたします。

→ 인사이동의 알림 등에서 사용한다. 「本来であれば、手紙や電話をすべき
ところ 본래대로라면 편지나 전화를 드려야 하는데」라는 내용을 전하고 싶을 때

☑ 인사말이 없으면 까칠한 인상을 준다

　　상대방의 메일을 읽고 서둘러 답장을 보내다 보면 인사를 잊어버리기 십
상이다. 그러나 인사말이 없으면 무뚝뚝한 인상을 주기 때문에 이어지는
문장도 딱딱하고 화가 난 듯한 인상을 준다.

단어　　重ねて(かさねて) 재차, 거듭　　・ご無沙汰(ごぶさた) 격조함, 오랫동안 서로 소식이 막힘

❌ さきほどの件ですが、8月期の調査報告は、
先月20日に添付ファイルで送っております。
ご確認ください。

◎ お世話になっております。
＞8月期の調査報告をまだいただいていないようです。
確認したところ、20日にお送りした履歴がありましたが、
何かのトラブルかもしれません。
念のため、添付いたしますので、ご確認ください。

▶ 조금 전의 건인데, 8월기의 조사
보고는 지난달 20일에 첨부 파일로
보냈습니다. 확인 부탁드립니다.

늘 신세지고 있습니다(안녕하세요).
＞ 8월기 조사 보고를 아직 받지
　 못한 것 같습니다.
확인해 보니, 20일에 보낸 이력이
있습니다만, 무슨 문제가 있었던
것 같습니다.
만일을 위해, (다시) 첨부하오니 확
인 부탁드립니다.

메일과 어울리는 여담이 포함된 인사

상대방에게 친근함을 표현하고 싶을 때는 날씨나 뉴스를 언급하는 것도
좋다. '지금'을 공유할 수 있다는 점도 바로바로 도착하는 메일이기 때문에
가능하다. 그러나 잘 모르는 사람이라면 여담을 어떻게 받아들일지 모르니
삼가는 편이 좋다.

인사 후, 본론에 들어갈 때, 「〜さて、 재(그런데)」, 「さっそくですが、 바로 본론
입니다만」하고 화제 전환을 하면 내용이 자연스럽게 이어진다.

◎ お世話になっております。
今日はさわやかで過ごしやすいですね。
通勤も楽になってきました。

◎ お世話になっております。
雨の影響で中央線が止まっているようです。
夕方までに復旧するとよいのですが…

さて、先日のお打ち合わせでは…

▶ 신세를 지고 있습니다.
오늘은 상쾌해서 지내기 편하네요.
통근도 편해졌습니다.

신세를 지고 있습니다.
비의 영향으로 중앙선이 멈춘 것
같습니다. 저녁때까지는 복구되면
좋겠습니다만…

그런데, 일전의 미팅에서는…

기본편 / 응용편 / 예문편

단어 ・念のため(ねんのため) 만일을 위해, 혹시 몰라서　・打ち合わせ(うちあわせ) 협의, 미팅

05 능숙하게 본론을 꺼내는 방법

POINT 장문의 메일은 제일 처음에 용건의 개요를 적는다.

☑️ 서두에서 용건을 알 수 있도록 적는 방법

「お世話になっております」등의 인사 뒤에 본론을 어떻게 꺼내느냐에 따라 메일의 인상이 달라진다.

짧은 용건이라면 바로 본론에 들어가면 되지만 용건이 길어질 때는 서두에 용건의 개요를 간략히 설명하면 이해하기 쉽다. 다음의 상황별 예문을 확인해 보자.

☑️ 새롭게 용건을 적을 때

새로운 용건으로 연락할 경우에는 본론에 들어가는 시점에서 말이 부드럽게 이어지도록 쿠션 언어를 넣으면 훨씬 정중한 느낌을 준다.

오늘은 다음 달의 연수회에 대해 배포 자료를 부탁드리고자 메일을 드렸습니다.

바로 본론입니다만, 일전에 상의 드렸던 기획 회의에 대하여 정식으로 일정이 결정되어 연락드립니다.

표기의 건에 대해서 부탁이 있어 연락드렸습니다.

◉ 本日は、来月の研修会につき、配布資料のお願いがあり、メールを差し上げております。

◉ 早速ですが、先日ご相談しました企画会議につきまして、正式に日程が決定いたしましたので、ご連絡申し上げます。

◉ 標記の件についてお願いがあり、ご連絡申し上げました。

→ 「標記 표기」란, '표제에 적는 것'을 뜻한다. 즉 「標記の件 표기의 건」이란, '제목에 적은 것에 대하여' 라는 의미다.

단어 ・早速(さっそく) 바로, 즉시 ・標記(ひょうき) 표기, 표제, 제목

✍ 답장할 때

답장할 때는 「ご連絡ありがとうございました。 연락 감사합니다」등의 인사말 후에 본론으로 들어간다. 얘기가 길어질 것 같을 때는 서두에 원 쿠션을 둔다.

◉ 早速見ていただき、助かりました。
　細かい点について、いくつか確認がございます。

→ 이후, 확인하고 싶은 내용을 알기 쉽도록 항목별로 기입한다.

◉ ご快諾ありがとうございました。
　それでは早速、企画の詳細について、
　説明させていただきます。

→ 이 경우, 인사말에 「ご返信、拝見いたしました 답신 읽었습니다」
　「メールをうれしく拝見いたしました 메일을 기쁘게 읽었습니다」와 같이 적으면
　「ありがとうございます 고맙습니다」라는 문구가 중복되지 않는다.

◉ ご質問の点について、以下のとおりご回答申し上げます。

→ 답신 인용을 사용하여 상대방의 질문에 차례대로 대답하고 싶을 경우에 사용한다.

▶ 신속히 봐 주셔서 감사합니다.
상세 부분에 대해 몇 가지 확인(하고 싶은 부분)이 있습니다.

흔쾌히 승낙해 주셔서 감사합니다.
그럼 바로 기획의 상세에 대해서 설명드리겠습니다.

질문하신 부분에 대해 이하와 같이 답변드립니다.

본론을 꺼낼 때 사용하면 좋은 문구

인사말 뒤 혹은 본론을 꺼낼 때 물 흐르듯 자연스럽게 넘어가게 해 주는 표현

さて、　　　さっそくですが、　　ところで
자,(그런데)　　바로 본론입니다만,　　그런데, 그건 그렇고

단어
• 快諾(かいだく) 부탁을 기꺼이 들어줌. 흔쾌히 허락함

본론을 매듭짓는 방법

POINT 문맥에 따라 메일의 맺음말을 바꾼다.

☑ 단골 문구「よろしくお願いいたします」

메일을 맺을 때 격식 갖춘 말을 여러 번 나열할 필요는 없다.

기본적으로「よろしくお願いいたします ^{잘 부탁드립니다}」를 사용하지만 상황에 맞게 다양하게 쓸 수 있다.

이상,

바쁘신 중에 죄송합니다만,

번거로우시겠지만(수고를 끼쳐 드려 죄송합니다만),

향후에도(앞으로도)

앞으로도 여러모로 지도해 주시기를
…잘 부탁드리겠습니다.
…아무쪼록 잘 부탁드리겠습니다.
…잘 부탁드립니다.
…아무쪼록 잘 부탁드리겠습니다.

기본 표현

◎ 以上、

◎ お忙しいところ申し訳ありませんが、

◎ お手数をおかけいたしますが、

◎ 今後とも

◎ これからも何かとご指導くださいますよう、
　　　…よろしくお願いいたします。
　　　…なにとぞ（どうか）よろしくお願いいたします。
　　　…よろしくお願い申し上げます。
　　　…なにとぞ（どうか）よろしくお願い申し上げます。

→ 업무가 일단락되어 한동안 서로 연락을 하지 않을 예정인 경우에는「これからも 앞으로도」,「今後とも 향후에도」등을 붙이면 좋다.「お願い申し上げます 부탁드리겠습니다」는 보다 정중한 느낌을 준다.

바로 연락을 취할 예정일 때

잠시 후에 전화 드리겠습니다.
잘 부탁드립니다.

◎ 後ほど、お電話申し上げます。
　　よろしくお願いいたします。

단어 ・手数(てすう) 수고 　・何かと(なにかと) 이것저것, 여러 가지로 　・後ほど(のちほど) 잠시 후에, 이따가

→ 일단 메일을 보내 두고, 나중에 전화로 상의할 경우.
「よろしくお願いいたします 잘 부탁드립니다」도 덧붙인다.

◉ お返事をお待ちしております。

▶ 답변 기다리고 있겠습니다.

→ 문의나 확인 등의 메일에서는 제일 마지막에 이 문구를 적어서 상대방으로 부
터 답장을 받고 싶다는 뜻을 한 번 더 강조한다.

'일단 연락드린다'는 뉘앙스를 전할 때

◉ 取り急ぎ、ご連絡 （ご報告、ご案内、お返事）まで。

▶ 급히, 연락(보고, 안내, 답변)드립
니다.

◉ まずは、ご連絡 （ご報告、ご案内、お返事）まで。

우선, 연락(보고, 안내, 답변)드립
니다.

→ 「取り急ぎ 급히」, 「まずは 우선, 일단」는 비즈니스 문서의 정형화된 문구다.
「本来であれば、お目にかかってお話しすべきところですが、とりあえず
본래는 찾아뵙고 말씀드려야 하는데, 우선이라는 의미가 내포되어 있다. 만날 예정이
없어도 이와 같이 말해 정중함을 표현한다.

일반 고객을 대상으로 할 때

◉ ご不明な点がございましたら、このメールに返信にて
お問い合わせください。

▶ 불분명한 점이 있다면 이 메일에
답장으로 문의 주세요.

◉ ご不明な点がありましたら、いつでもお問い合わせください。

불명확한 점이 있으면 언제든지 문
의 주세요.

상대방에게 답장하는 수고를 끼치고 싶지 않을 때

◉ 以上、ご確認いただけましたら、
ご返信は不要です。

▶ 이상, 확인하셨다면 답장은 보내시
지 않아도 됩니다.

◉ では、当日よろしくお願いいたします。

그럼, 당일 잘 부탁드리겠습니다.

→ 마지막 표현은 약속이 잡혔을 경우에 사용한다.

부드럽게 마무리하고 싶을 때

◉ 暑い（寒い）日が続きますが、

▶ 더운(추운) 날이 이어지는데,

◉ お忙しいこととは存じますが、
…時節柄、お体には十分にお気をつけください。

매우 바쁘시리라 생각되지만,
때가 때인 만큼 건강에 더욱 유의
하세요.

단어 　·取り急ぎ (とりいそぎ) 급히　　·時節柄(じせつがら) 시기상, 때가 때인 만큼

07 서명을 작성하는 방법

POINT 업무용 메일에는 전체적인 정보를 넣는다.

✅ 서명이란?

서명이란, 메일의 제일 마지막에 삽입하는 '보낸 사람'에 대한 정보를 말한다. 업무 메일에서는 메일 주소 외에도 전화 번호, 주소, 홈페이지와 같은 정보를 삽입하면 좋다.

✅ 서명에 넣어야 할 내용

업무용 메일의 서명에는 다음과 같은 내용을 넣는다.

💡 필수적으로 넣어야 할 항목

☑ 자신의 풀네임 (이름 읽는 법)

☑ 메일 주소

☑ 회사명 · 부서명

☑ 회사 주소

☑ 전화 & 팩스 (주소가 없는 업무용 서명도 간혹 있지만 주소가 있는 편이 좋다.)

💡 필요에 따라 넣는 항목

☑ 회사 홈페이지 주소(URL)

☑ 휴대 전화 번호

☑ 메시지 (메일 주소의 변경에 대한 알림, 영업용 메시지 등)

✅ 업무용 메일 서명은 간단하게

일반적으로 서명은 간단하게 정리하는 편이 보기에도 좋고 친절한 느낌을 준다.

HTML형식으로 일러스트를 어지럽게 삽입한 서명도 간혹 있지만 업무용으로는 적절하지 않다. 별 모양(☆)으로 장식하여 반짝반짝하게 하는 것도 좋지 않다.

무언가 특별하게 어필하고 싶을 때는 특별한 형식의 서명을 다는 것도 좋겠다. 내용이 다른 서명 여러 개를 만들어 놓고 용도에 따라 구분해서 사용하는 것도 좋은 방법이다.

💡 이름 우선형

李敏鎬(イ・ミンホ) mhlee@sankaku.co.jp
△△株式会社　第1事業部営業課
〒000-0000　東京都千代田区0-0-0
電話00-0000-0000　FAX 00-0000-0000

💡 간략한 패턴

*****

李敏鎬(イ・ミンホ)
△△株式会社
TEL&FAX 00-0000-0000
mhlee@sankaku.co.jp

💡 풀메뉴형 (알림 삽입)

==============================

△△株式会社　第1事業部営業課　李敏鎬(イ・ミンホ)
　mhlee@sankaku.co.jp　　携帯電話　000-0000-0000
　〒000-0000東京都千代田区0-0-0 URL http://sankaku.co.jp
　電話00-0000-0000　FAX 00-0000-0000
　＊9月30日に社屋が移転しました。電話番号は変更ありません。
==============================

단어　・移転(いてん) 이전, 이사

본문의 기본 구성

POINT 본문 구성의 기본 패턴을 기억해 두자.

☑ 필요에 따라 구성 요소를 취사선택하기

필요한 내용을 취사선택하여 본문을 구성한다.

□□社企画部 斉藤祐也様	받는 사람 이름
△△の堀内です。 お世話になっております。	자기 이름 밝히기 인사말
先日の打ち合わせで話題になっておりました 弊社調査部の調査が見つかりましたので、 添付ファイルにてお送りいたします。	본론
お求めのデータと異なっていた場合には、 お知らせください。	본론의 보충 (상대방이 요청한 내용과 다를 경우를 대비해 답장하기 쉽도록 적는다.)
よろしくお願いいたします。	맺음말
（添付ファイル　PDF 340KB）	첨부 파일의 안내
堀内　宏樹　hhoriuchi@sankaku.co.jp △△株式会社　営業1課 〒000-0000　東京都千代田区0-0-0 電話00-0000-0000　FAX00-0000-0000	서명

□□주식회사
사이토 유야 님

△△의 호리우치입니다.
늘 신세지고 있습니다.

일전의 미팅에서 화제가 되었던
당사 조사부의 조사를 찾았기에
첨부 파일로 보내드립니다.

찾으시는 데이터와 다를 경우에는
알려 주세요.

잘 부탁드리겠습니다.

(첨부 파일 PDF 340KB)

단어　　求める(もとめる) 바라다, 요구하다　　・異なる(ことなる) 다르다

받는 사람 이름	斉藤祐也様
인사말 감사인사	お世話になっております. 報告会テキストの原稿をお送りくださり、 ありがとうございました。
본론1 (질문에 답하기)	>昨年度の調査もあるようでしたら、 >追加したいと思っています。 調査部によれば、お送りした調査が 最新とのことです。申し訳ありません。
본론2 (이야기를 다음으로 진척시키기)	昨年度の数値がなくても、近年の動向は、 十分に分析していただいておりますので、 このまま使わせていただきます。
본론의 보충	もしも修正等がありましたら、 8月末までにお知らせください。
맺음말	よろしくお願いいたします。
서명	堀内　宏樹　hhoriuchi@sankaku.co.jp △△株式会社　営業1課 〒000-0000　東京都千代田区0-0-0 電話00-0000-0000　FAX00-0000-0000

→ 상대가 무엇인가 해 주었을 때는 '인사말'에 이어 '감사 인사'를 넣는다.
(이 예문과 같은 경우는 '감사 인사'가 인사말을 대신해도 되기 때문에 '인사말'을 생략해도 좋다.)

사이토 유야 님

늘 신세지고 있습니다.
보고회 텍스트 원고를 보내 주셔서
감사합니다.

> 작년도의 조사도 있다면
> 추가하고 싶습니다.
조사부에 따르면 보내드린 조사가
최신(정보)이라고 합니다. 죄송합니다.

작년도의 수치가 없어도 근래의 동향은 충분히 분석해 주셨으므로 이대로 사용하겠습니다.

만일 수정 등이 있으면 8월 말까지 알려 주세요.

잘 부탁드립니다.

기본편

응용편

예문편

이처럼 문맥에 따라 넣는 요소는 변하지만, 기본적인 메일 본문의 골격은 다음과 같다.

받는 사람 이름 - 인사말 - 본론 - 맺음말 - 서명

참조(CC) · 전달(FW)의 함정

POINT 예상하지 못한 사람에게 보내는 것은 NG!

☑ 섣부른 발송에 주의!

당신과 A씨의 사이에서 진행해 온 업무 관련 대화에 B씨가 중도에 참가하게 되었을 때, A씨와 주고받은 메일 내용을 A씨의 허락 없이 그대로 B씨에게 참조로 전송하는 것은 옳지 않다. 당사자의 승낙을 받지 않고 메일을 인용 또는 전송하는 것은 매우 실례가 되는 행위이다.

□□사
스즈키 님

신세를 지고 있습니다.
◇◇사의 사이토입니다.

오늘은, △△사의 야마다 님으로부터 받은 상의 내용으로, 하기의 이벤트를 후원해 주실 수 없겠느냐는 요청이 있어 메일을 드렸습니다.

On XX.7.18 2:59 PM, "야마다"
〈yamada@sankaku.co.jp〉 wrote:
> 개최 예정일 20XX년 9월 15일
> 이벤트명 「예비 아빠·예비 엄마 모여라 ! 육아 교실」
> 앞으로 아버지·어머니가 되는 사람을 대상으로 하는 세미나
> 강사 도자이대학 오야마 다이지로 (교섭 중)
> 후원 *건강한 이미지가 있는 식품 제조사를 희망

✕ □□社
鈴木様

お世話になっております。
◇◇社の斉藤です。

本日は、△△社の山田様からのご相談で、
下記のイベントのご後援をいただけないかというお願いがあり、
メールを差し上げております。

On XX.7.18 2:59 PM, "山田" <yamada@sankaku.co.jp> wrote:
>開催予定日　20XX年9月15日
>イベント名　「プレパパ・プレママ集まれ!子育て教室」
>これから父親・母親になる人を対象とするセミナー
>講師　東西大学　大山大二郎教授（交渉中）
>後援　＊健康的なイメージのある食品メーカーを希望

→ ◇◇사의 사이토 씨가 △△사의 야마다 씨로부터 받은 메일의 일부를 그대로 인용하고 있다.
□□사의 스즈키 씨는 메일 내용을 통해 △△사가 처음부터 □□사를 희망한 것은 아니라는 사실을 알아채게 된다.

→ 게다가 야마다 씨의 메일 주소까지 표시되어 있다. 야마다 씨의 승낙을 받지 않고 메일 주소를 공개하는 것도 매너에 어긋난다.

🖂 회사 내에서 단체로 업무 메일을 발송하는 것은 OK!

필요한 범위 안에서 업무상 메일을 회사 사람들과 공유하는 것은 괜찮다. 직원 간에 주고받은 메일은 직원 개인이 아닌, 소속되어 있는 조직에 보내는 것이라고 해석되기 때문이다. 상대방이 직접적으로 알지 못하는 자신의 상사를 참조(CC)로 넣어도 실례로 여기지 않는 것도 이와 같은 사고방식에서 비롯된다.

그러나 내용에 따라 허용 범위가 다르므로 그때그때의 상황에 따라 판단한다.

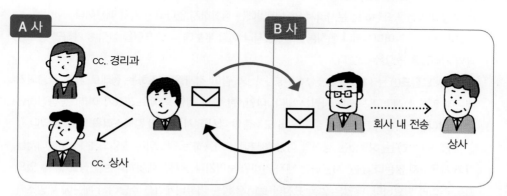

* 상대방이 자신의 회사 직원을 참조(CC)로 넣어서 메일을 보냈다면, 특별히 지장이 없는 한 '전체 답장'으로 답변을 보내는 것이 친절하다.

참고로 어떤 회사는 직원이 결근했을 때 그 사람의 회사 메일을 다른 직원이 열어서 업무를 대행하기도 한다. 따라서 업무 메일에는 다른 사람이 보았을 때 곤란해지는 내용은 적지 않는 편이 좋다.

단어　　·後援(こうえん) 후원　　　·交渉(こうしょう) 교섭, 협상

느낌표(!), 웃음 표시(笑)는 사용해도 좋을까?

일반적으로 업무 메일에는 '느낌표(!)'나 '웃음 표시(笑)'는 사용하지 않는다. 느낌표나 웃음 표시는 문장의 감정을 표현하는 문자라서 업무 메일에는 적합하지 않다고 여기기 때문이다.

그러나 이것도 어디까지나 원칙론일 뿐, 인사나 여담 부분에 감정 표현을 살짝 추가하면 상대방과의 거리감을 좁힐 수도 있다.

특히, '느낌표(!)'는 「ありがとうございます！」와 같이 감사를 강조하는 형태로 자주 사용되기 때문에 이를 실례라고 느끼는 사람은 없다. 다만, 한 통의 메일 속에 느낌표가 여러 번 등장하면 '너무 많다', '오버한다'는 인상을 주게 되어 모처럼의 감사 인사도 자칫 경박스러워 보일 수 있다.

'웃음 표시(笑)'는 허물없는 상대와 여담 부분에서 사용하는 정도이며 메일의 본론 부분에서는 거의 사용하지 않는다. 잘못 사용하면 왠지 가벼워 보이거나 진지하지 못하다는 인상을 줄 수 있으므로 주의가 필요하다. 메일은 얼굴 표정이 보이지 않는 커뮤니케이션 수단이기 때문에 뉘앙스가 적절히 전달되지 않을 수도 있다는 사실을 명심해 두자.

여기까지 읽고 나면 '도대체 허물없는 관계란 어떤 관계를 말할까?' 하고 고민하는 사람이 있을지 모른다. 굳이 말하자면 당신이 '이렇게 써도 괜찮을까?' 하고 불안감을 느끼는 상대라면 아직 '허물없는 관계'가 아니다. 서로 속속들이 알게 되면 자연스럽게 쓸 수 있게 된다.

참고로 필자에게 항상 메일을 보내 주는 '견실하고 안정적인 직업'을 가지고 계신 어떤 분은 서명 부분에 언제나 신작 하이쿠(일본 전통시)를 삽입한다. 그런 메일을 받고 불쾌하다고 느끼는 사람은 아무도 없다. 센스와 자신감만 있다면 무엇이든 가능하다.

[응용편]

4장

메일 작성 요령 및 표현

주요 어휘

01 잘못된 존경어와 겸양어

POINT 회사 외부 사람에게 자기 회사 사람을 지칭할 때는 겸양어를 쓴다.

✔️ 메일에서도 경어를 구분해 쓰자

메일에서 사용하는 경어 표현은 비교적 가볍다. 그러나 역시 존경어와 겸양어의 구별은 어렵다. 먼저 경어의 기본 표현부터 살펴보자.

💡 **존경어** 상대방의 행동이나 상태를 높여 경의를 표한다.

行く (가다) – いらっしゃる、おいでになる (가시다)

来る (오다) – いらっしゃる、おいでになる、お見えになる (오시다)

会う (만나다) – お会いになる (만나시다)　　食べる (먹다) – 召し上がる (드시다)

もらう (받다) – お受け取りになる (받으시다)　　見る (보다) – ご覧になる (보시다)

見せる (보여 주다) – お見せになる (보여 주시다)　　言う (말하다) – お話しになる、おっしゃる (말씀하시다)

聞く (듣다, 묻다) – お聞きになる (들으시다, 물으시다)　　知る (알다) – お知りになる (아시다)

💡 **겸양어** 자신의 태도나 상태를 낮추어 상대방에게 경의를 표한다.

行く (가다) – うかがう、参る (찾아뵈다, 가다)　　来る (오다) – 参る (오다)

会う (만나다) – お目にかかる (뵈다)　　食べる (먹다) – いただく (받다, 먹다)

もらう (받다) – いただく、ちょうだいする (받다)　　見る (보다) – 拝見する (삼가 보다)

見せる (보여 주다) – お目にかける、ご覧に入れる (보여 드리다)　　言う (말하다) – 申し上げる (말씀드리다)

聞く (듣다, 묻다) – 拝聴する、うかがう (삼가 듣다, 듣다, 묻다)　　知る (알다) – 存じ上げる、存じる (알다)

📋 틀리기 쉬운 존경어와 겸양어

다음과 같이 잘못 쓰는 일이 없도록 주의하자.

❌ 添付ファイルを拝見してください。

◎ 添付ファイルをご覧ください。 첨부 파일을 봐주십시오.

❌ 弊社に参られたときに、お渡しします。

◎ 弊社においでになったときに、お渡しします。 폐사(당사)에 오셨을 때에 건네드리겠습니다.

❌ 受付でうかがってください。

◎ 受付でお聞きになってください 접수처(안내 데스크)에서 물어보세요.

특히 주의! 회사 외부 사람에게 자신의 윗사람에 대해 이야기할 때

❌ 弊社の佐藤社長が、おっしゃっていました。

◎ 弊社社長の佐藤が、申しておりました。 당사 사장인 사토가 말했습니다.

➡ 사장이나 상사라도 자기 회사 사람을 남에게 말할 때는 겸양어를 쓴다.

➡ '이름+직함'은 존경 표현이 되므로 주의한다.

❌ 上司に確認していただきますので、お待ください。

◎ 上司に確認いたしますので、お待ちください。 상사에게 확인할 테니 기다려 주세요.

➡ 자기 회사 상사로부터 (확인) 받는다고 하여 「確認していただく 확인 받다」를 쓰면 자신의 상사를 올리는 격이 된다. 이때는 자신의 행동에 대한 겸양 표현을 써야 한다.

❌ 先日言われた件は、経理にお伝えしました。

◎ 先日うかがった件は、経理に伝えました。 일전에 들었던 건은 경리에게 전했습니다.

◎ 先日申しつかりました件は、経理に伝えました。 일전에 분부 받은 건은 경리에게 전했습니다.

➡ 「言われた 들었다」의 「れ」는 경어와 수동의 의미가 모두 있어 혼동되므로 「うかがう 듣다」, 「お聞きする 듣다」, 「申しつかる 분부 받다」등의 겸양 표현을 쓴다.

➡ 「お伝えする 전하다」는 자기 회사의 경리를 향한 겸양어가 되므로 바른 표현이 아니다.

단어 ・渡す(わたす) 건네다 ・伝える(つたえる) 전하다

「お」와 「ご」의 사용법

☑ 「お」와 「ご」에 대한 잘못된 상식

「お」와 「ご」를 자신과 관련된 것에 붙이면 안 된다고 말하는 사람이 있다. 그러나 그 말은 잘못되었다. 「お」와 「ご」는 존경어뿐 아니라 겸양어, 정중어(미화어)에도 붙인다.

☑ 명사에 붙이는 「お」와 「ご」

구체적으로는 다음과 같이 구별해서 사용한다.

◉ 先日いただいたお手紙 … (존경어) 일전에 받은 편지

◉ 先日お送りしたお手紙 … (겸양어) 일전에 받은 편지

◉ 誰からのお手紙でしょうか? … (정중어) 누구한테서 온 편지인가요?

✕ 私のご意見をお送りします。

➡ 자신이 상대방에게 보내는 것에 겸양의 의미로 「お」나 「ご」를 붙여도 좋다. 「お料理 요리」와 같이 단순히 정중한 의미로 붙이는 경우도 OK.

➡ '자신의 의견'처럼, 상대방에게 드린다기보다 자신에게 완전히 소속되어 있는 경우에는 「お」나 「ご」를 붙여서는 안 된다.

◉ 鈴木部長からご説明がありました。 … (존경어) 스즈키 부장님으로부터 설명이 있었습니다.

◉ ご説明は十分だったでしょうか? … (겸양어) 설명은 충분했는지요?

단어 · 送る(おくる) 보내다, 부치다 　· そろう 구비되다, 모이다

☑ 동사에 붙이는 「お」와 「ご」

동사에서는 다음과 같이 구별하여 사용한다.

❌ 会場でお待ちしてください。

⭕ 会場でお待ちください。 … 존경어 회의장에서 기다려 주세요.

❌ 今週中にご返信してください。

⭕ 今週中にご返信ください。 … 존경어 이번 주 중에 답장 주세요.

➡ 「お待ちする 기다리다」, 「ご返信する 답신하다」는 겸양어다. 「お(ご) + する + ください」의 형태로 사용하지 않도록 주의한다.

⭕ 今週中にご返信いたします。 … 겸양어 이번 주 중에 답장 드리겠습니다.

⭕ 今週中にご返信申し上げます。 … 겸양어 이번 주 중에 답장 드리겠습니다.

⭕ 会場でお待ちになりますか? … 존경어 회의장에서 기다리시겠습니까?

⭕ 明日、お待ちしております。 … 겸양어 내일, 기다리고 있겠습니다.

> **중요힌트**
>
> 「お (ご)~くださる」 「お (ご)~になる」 … 존경어
>
> 「お (ご)~する」 「お (ご)~致す」 … 겸양어
>
> 「お (ご)~申し上げる」 … 겸양어

☑ 불필요한 「お」와 「ご」

다음은 잘못 사용된 문장이다.

❌ お洋服がお汚れになっています。

⭕ お洋服が汚れています。 양복이 얼룩져 있습니다.

❌ 必要書類はおそろいになりましたか?

⭕ 必要書類はそろいましたでしょうか? 필요 서류는 구비되었습니까?

➡ 양복이나 서류가 주어인 문장에서는 존경어를 쓰면 이상하다.

「いただく」도 사용하기 나름

POINT 「させていただく」, 「いただく」도 존경 표현의 하나다.

☑ 「させていただく」 금지령?

「～させていただきます ~하겠습니다」가 잘못된 경어 표현이라는 의견이 있는데 이는 확대 해석이다. 좋은 것도 종종 나쁘다고 일컬어지는 경향이 있으나 일본 문화청(文化庁)의 '경어의 지침(敬語の指針)'에 따르면 다음의 경우에는 적절하다고 명시되어 있다.

① 상대측이나 제 3자의 허가를 받고 행하는 일
② 그 일로 자신이 혜택을 받는다는 사실이 있거나 그런 기분이 들 경우

💡 사용례

◎ そちらの会場を使わせていただくことになりました　그쪽의 회의장을 사용하게 되었습니다.

→ 이는 ①②를 명백하게 만족시킨 일반적인 사용법

✕ ご利用をお待ちさせていただきます。

△ 会議資料を送らせていただきます。 회의 자료를 보내겠습니다.

◎ 会議資料をお送りいたします。 회의 자료를 보내겠습니다.

→ 「お待ちさせていただきます」는 잘못된 표현이다. 「お(ご)～させていただく」라는 경어 용법은 없다. 「お待ちしております 기다리고 있겠습니다」가 옳은 표현이다.
두 번째 문장은 문법적으로는 틀리지 않지만, 업무상 당연히 보내야 할 것을 보내는 경우에는 위의 ①②에 해당되지 않으므로 「お送りいたします 보내겠습니다」가 적절하다.

◎ 頒布会のご案内を送らせていただきます。 반포회 안내를 보내겠습니다.

◎ 頒布会のご案内をお送りいたします。 반포회의 안내를 보내겠습니다.

→ 상대가 보내 주길 원하는지 아닌지 모르는데 이쪽에서 일방적으로 보내는 경우라면 '허락하지도 않았는데 제멋대로 보내 죄송하다'는 마음을 담아 「送らせていただきます」를 쓴다. 만일 보낼 때 조심스러워할 필요가 없다면 「お送りいたします」를 써도 좋다.

단어 ・頒布会(はんぷかい) 반포회, 배포회(회원을 대상으로 상품 또는 간행물을 정기적으로 배포하는 모임)

✓ 「いただく」와「くださる」

「ご利用いただき」와 같이 상대의 행동에「いただく」라는 겸양어를 사용하는 것은 잘못된 것으로 존경 표현인「ご利用くださり」로 해야 한다는 의견도 있다. 그러나 그 행동으로 자신에게 이익이 따른다면 자신 쪽의 겸양어로서「いただく」를 사용해도 틀리지 않다.

💡 사용례

◎ 書類をお送りいただき、ありがとうございます。 서류를 보내 주셔서 감사합니다.

◎ 書類をお送りくださり、ありがとうございます。 서류를 보내 주셔서 감사합니다.

→ 내가 남으로부터 받는 것이므로 첫 번째 예문도 OK!

◎ 当社製品をお使いいただき、ありがとうございます。 당사 제품을 사용해 주셔서 감사합니다.

◎ 当社製品をお使いくださり、ありがとうございます。 당사 제품을 사용해 주셔서 감사합니다.

→ 나의 제품을 '남이 사용해 준다'는 입장이므로 첫 번째 예문도 OK

❌ 5分ほど歩いていただきますと、駅に着きます。

△ 5分ほどお歩きになりますと、駅に着きます。

◎ 5分ほど行きますと、駅に着きます。 5분 정도 가면 역에 도착합니다.

→ 남이 나를 위해 무언가를 해 주는 것이 아니므로 존경 표현인「お歩きになりますと 걸으시면」가 맞다. 그러나 길안내의 경우라면「行きますと 가면」가 적절하다. 「行く 가다」의 주어는 상대방뿐만 아니라 '누구에게나 모두' 해당되기 때문에 이처럼 써도 실례되지 않는다.

정중한 정도에 따른 경어 표현

POINT 상대방이나 상황에 따라 적절한 수준을 선택한다.

✅ 관계에 따라 구분해서 사용하기

경어는 상대방과의 관계에 따라 매우 정중하게 쓰기도 하고 가볍게 쓰기도 한다. 다음의 기준을 참고하자. 메일에서 쓰는 경어는 비즈니스 문서에서 쓰는 경어보다 가벼운 편인데 여기에서는 메일을 기준으로 하여 제시하였다.

> 가볍게 ❀ 사내 메일, 허물없이 지내는 거래처 담당자끼리 주고 받는 메일
> 보통 ⋔⋔ 거래처에 보내는 사무적인 업무 연락, 가까운 윗사람에게 보내는 메일
> 무겁게 ☁ VIP, 평소에 만나지 않는 연장자, 안면이 없는 사람에게 처음 보내는 메일

보내 주세요

☺ お送りください。

⋔⋔ お送りください。
　お送り（ご送付）くださいますようお願いします。
　お送り（ご送付）いただきたくお願いいたします。

☁ お送り（ご送付）くださいますようお願い申し上げます。
　お送り（ご送付）いただきたくお願い申し上げます。
　ご送付賜りますようお願い申し上げます。

➡「お手数ですが 번거로우시겠지만」,「誠に恐縮ですが 대단히 죄송하지만」를 붙이면 더욱 정중해진다.

보냅니다 · 보내겠습니다

☺ お送りします。お送りいたします。

⋔⋔ お送りいたします。

단어 ・賜る(たまわる) 윗사람에게서 받다　　・恐縮(きょうしゅく) 죄송, 황송

🍡 お送りいたします。お送り申し上げます。
　　ご送付申し上げます。送らせていただきます。

→「お送りいたしましたので、ご査収ください 보냈으니 잘 받아 주세요」라는 표현도 자주 쓰인다.
　　「査収」란「よく調べて受け取る 잘 조사해서 받는다」는 의미다. (p104 참조)

받았습니다

✿ 受け取りました。

🐾 受け取りました。
　　受領いたしました。
　　いただきました。

🍡 受領いたしました。拝受いたしました。

확인해 주세요

✿ 確認をお願いします。
　　ご確認ください。

🐾 ご確認ください。
　　ご確認くださいますようお願いいたします。

🍡 ご確認くださいますようお願いいたします。
　　ご確認いただきたく、お願い申し上げます。

와 주세요

✿ きてください。おいでください。
　　いらっしゃってください。

🐾 おいでください。
　　お越しください。
　　おいでくださいますようお願いいたします。

🍡 おいでくださいますようお願いいたします。
　　お越しくださいますようお願い申し上げます。

→「気をつけておいでください 조심히 오세요」는 OK.「気をつけて」에「お」는 붙이지 않는다.
　　「気をつけて」의 존경 표현은「お気をつけになって」지만 장황해지므로「気をつけて」로 해도 상관없다.

단어　・査収(さしゅう) 사수. 잘 조사하여 받음　・拝受(はいじゅ) '받음'의 겸양 표현　・お越し(おこし) 가심. 오심. 왕림

가겠습니다

☆ 行きます。うかがいます。

🐝 うかがいます。
おうかがいします。
おうかがいいたします。
参ります。

☁ おうかがいいたします。
うかがわせていただきます。
参ります。

→ 「うかがわせていただきます」는 이중 경어지만 현재 일반적으로 사용되고 있다.

만나고 싶습니다

☆ お会いしたいと思っております。
お会いできれば幸いです。

🐝 お目にかかりたいと思っております。
お目にかかりたく存じます。
お目にかかれれば幸いです。

☁ お目にかかりたく存じます。
お目にかかりたくお願い申し上げます。
お目にかかれましたら幸甚に存じます。

→ 미팅을 희망할 경우, 만나고 싶다는 표현 대신 「打ち合わせをさせていただきたく、お願いいたします 미팅을 하고 싶어 부탁을 드립니다」, 「一度打ち合わせのお時間をいただきたく存じます 한번 미팅할 시간을 주셨으면 합니다」 등의 표현을 사용해도 좋다.

→ 「お忙しいところ恐れ入りますが 바쁘신 중에 죄송합니다만」, 「ご多忙のところ恐縮ですが 다망하신 중에 송구스럽지만」 등의 표현도 함께 쓰면 보다 정중하게 들린다.

알겠습니다

☆ 了解しました。了解いたしました。

🐝 了解いたしました。承知いたしました。

☁ 承知いたしました。

→ 「了解」와 「承知」의 차이에 대해서는 102페이지 참조

단어 ・幸甚(こうじん) 다행 ・恐れ入る(おそれいる) 황송해하다 ・多忙(たぼう) 다망, 매우 바쁨

양해해 주세요

☆ ご了承ください。
　ご了承くださいますようお願いいたします。

🎀 ご了承くださいますようお願いいたします。
　ご了承のほどお願いいたします。
　ご了承いただきたくお願いいたします。

☁ ご了承いただきたくお願い申し上げます。
　ご高承のほどお願い申し上げます。

→ 「なにとぞ 부디, 아무쪼록」을 붙이면 정중하고 강한 부탁이 된다.

할 수 있는지 없는지 의향을 묻고 싶습니다

☆ ～することは可能でしょうか。

🎀 ～していただきたいと考えておりますが、いかがでしょうか。

☁ ～していただきたく存じますが、いかがでございましょうか。
　～していただけましたらたいへん幸甚に存じますが、
　いかがでしょうか。

사과드립니다

☆ 申し訳ありません。

🎀 申し訳ありません。申し訳ございません。
　申し訳なく、お詫び申し上げます。

☁ 申し訳なく、心よりお詫び申し上げます。

→ 깊은 사과의 말을 전하고 싶을 때는 「たいへん 매우」, 「誠に 대단히」를 붙인다.
→ 「すみません」은 일반적으로 업무 메일에서는 쓰지 않는다.

기본편

응용편

예문편

단어 · 高承(こうしょう) '승인', '승낙'의 높임말　　· お詫び(おわび) 사죄, 사과

05 되도록 간략하게 적기

POINT 문장을 적은 뒤 다시 읽고 정리한다.

☑ 먼저 전체를 적는다

글쓰는 방법을 알려주는 책을 읽으면 대부분 '되도록 단문'으로 적으라고 적혀 있다. 특히 메일의 경우에는 글이 길어지면 화면의 스크롤바를 움직이며 읽어야 하므로 장황하게 이어지는 문장은 읽기 어렵다.

다행히 메일은 발송하기 전까지 여러 번 수정이 가능하다. 처음부터 단문으로 적으려고 고민하기보다는 우선 생각 닿는 대로 적어 보고 나중에 짧게 정리하는 것이 좋다.

☑ 단문·줄바꿈으로 이렇게 달라진다

문장이 길고 줄바꿈이 안 된 메일은 다음과 같이 수정한다.

❌ 作業日程の修正案を添付いたします。
この案では8月中旬に集中的に作業することで、コストを圧縮することが可能ですが、夏期休業中であるため、工程ごとのテストができず、最終段階でトラブルがあった場合にリカバリーに時間がかかるというリスクもあり、私どもといたしましては、原案のほうをお勧めしたいと考えております。

↓ 문장을 끊어서 줄을 바꾼다.
↓ 단락마다 한 줄씩 띈다.

◎ 作業日程の修正案を添付いたします。
この案では8月中旬に集中的に作業することで、
コストを圧縮することが可能です。

작업 일정의 수정안을 첨부합니다.
이 안으로는 8월 중순에 집중적으로 작업함으로써, 비용을 줄이는 것이 가능합니다.

단어 · リカバリー 리커버리, 복구 · 勧める(すすめる) 권하다, 권장하다

ただし、夏期休業中であるため、
工程ごとのテストができません。
最終段階でトラブルがあった場合に
リカバリーに時間がかかるというリスクもあります。

このため、私どもといたしましては、
原案のほうをお勧めしたいと考えております。

단, 하계 휴업 중이기 때문에,
공정마다 테스트를 할 수 없습니다.
최종 단계에서 트러블이 있을 경우에
복구에 시간이 걸린다는 리스크도
있습니다.

이 때문에, 저희들로서는
원안을 권해드리고 싶습니다.

☑ 문맥이 꼬이지 않게 주의한다

단문으로 작성할 때 「しかし 그러나」 등의 역접 조사가 계속 나오면 문맥이 꼬일 가능성이 있다. 여러 차례 이랬다 저랬다, 오락가락하는 문장은 읽는 사람을 혼란스럽게 만들기 때문에 서두에 결론을 적는 것이 좋다.

❌ キャッチコピーの「ごくごく」ですが、豪快なイメージが夏らしくて好印象ですが、「こくこく」のほうが意外性もあって面白く、また、「ごくごく」のほうは骨太な感じがするのですが、「こくこく」の軽い感じがよいということになりました。

광고 카피인 '고꾸고꾸(꿀꺽꿀꺽)'는, 호쾌한 이미지가 여름과 잘 어울리고 좋은 인상이 들지만, '코꾸코꾸(꿀깍꿀깍)' 쪽이 의외성도 있어서 재미있고, 또한, '고꾸고꾸' 쪽은 굵직하고 힘있는 느낌이 들지만, '코꾸코꾸'의 경쾌한 느낌이 좋다는 결론이 났습니다.

↓

◎ キャッチコピーは「こくこく」がよい
ということになりました。

「ごくごく」は、豪快なイメージが夏らしく、
骨太な感じが好印象でした。
しかし、「こくこく」は意外性もあって面白く、
軽い感じがよいということになりました。

광고 카피는 '코꾸코꾸(꿀깍꿀깍)'가 좋다는 결론이 나왔습니다.

광고 카피는 '코꾸코꾸(꿀깍꿀깍)'가 좋다는 결론이 나왔습니다.

기본편

응용편

예문편

단어 ·豪快な(ごうかいな) 호쾌한   ·骨太な(ほねぶとな) 견실한, 기개가 있는, 힘찬

겸손이나 과장도 정도껏!

POINT 예의는 갖추되 담담하게 이야기를 이어간다.

☑ 조심스러운 상대라도 간결하게

어쩌다가 가끔 대화하는 윗사람에게 쓰는 메일이나 복잡한 안건의 메일 등은 작성할 때 매우 신경이 쓰인다. 그럴 때에도 메일은 간결하고 알기 쉽게 작성할 필요가 있다.

지나치게 자신을 낮추는 표현을 많이 쓰면 믿음직스럽지 못한 인상을 줄 수 있다.

대단히 신세가 많습니다.
귀사가 날로 번영하시기를 앙축(경하)드립니다.

> 그쪽의 공정을 파악하는 편이
> 이쪽의 조정도 하기 쉬우므로
> 공정표를 보내 주시면 감사하겠습니다.
생각이 미치지 못해 죄송합니다.

부끄럽지만, 보실 만한 제대로 된 자료가 없어 현재 작성하고 있습니다.
조금 더 기다려 주시길 부탁드리겠습니다.

귀사의 훌륭한 프로젝트에 참가하여 영광스럽게 생각하고 있습니다.
아무쪼록 잘 부탁드리겠습니다.

지나친 겸양 표현의 예

❌ たいへんお世話になっております。
貴社におかれましては、
ますますご清栄のこととお喜び申し上げます。　…불필요 ❶

> そちらでの工程がわかったほうが、
> こちらの調整もやりやすいので、
> 工程表をお送りいただけると助かります。
気がつかず、申し訳ございません。　…불필요 ❷

恥ずかしながら、　…불필요 ❷
見ていただけるようなきちんとしたものがなく、
現在、作成しております。
今しばらくお待ちくださいますよう、　…불충분 ❸
お願いいたします。

貴社のすばらしいプロジェクトに参加させていただき、
光栄に存じております。　…불필요 ❹
どうかよろしくお願いいたします。

① 비즈니스 문서의 정형적인 인사를 써도 틀린 것은 아니지만, 이미 업무상으로 대화가 시작된 상태에서는 무거운 인사는 필요없다.

② 부정적인 말을 남발하지 않도록 주의한다.

③ 불필요한 겸양 표현은 많지만 정작 중요한 내용이 빠져 있다. 이쪽에서 해야 할 '과제'가 있을 때는 언제까지 할 수 있는지를 덧붙인다.

④ '귀사의 훌륭한 프로젝트' 운운하는 것은 일을 착수할 때나 종료했을 때 하자.

수정한 예

◉ たいへんお世話になっております。
　メールをありがとうございました。

　>そちらでの工程がわかったほうが、
　>こちらの調整もやりやすいので、
　>工程表をお送りいただけると助かります。
　了解いたしました。
　現在、わかりやすく整理中ですので、
　しばらくお待ちください。

　来週4日にはお送りできる予定です。

　何かとご迷惑をおかけいたしますが、
　なにとぞよろしくお願いいたします。

▶ 대단히 신세가 많습니다.
　메일 감사합니다.

> 그쪽의 공정을 파악하는 편이
> 이쪽의 조정도 하기 쉬우므로
> 공정표를 보내 주시면 감사하겠
　습니다.
알겠습니다.
현재, 알기 쉽게 정리 중이므로
잠시만 기다려 주세요.

다음 주 4일에는 보내 드릴 수 있
습니다.

여러 가지로 불편을 끼쳐드리지만,
아무쪼록 잘 부탁드리겠습니다.

단어　•清栄(せいえい) 건승, 번창, 번영

결론부터 적고, 세부 내용 정리

POINT 누가 봐도 '알기 쉽게' 작성한다

☑️ 결론을 서두에 명확하게 적는다

무언가를 설명할 때, 결론을 먼저 적고 나서 이유를 적는 것을 '결론 선행형 작성법'이라고 한다. 보고서나 논문 작성에서 권장되는 방식인데, 메일에서도 결론 선행 방식으로 작성하면 내용이 깔끔하고 알기 쉽게 전달된다.

> ❌ 貴協会の機関誌への広告出稿の件ですが、
> ご存知のとおり、弊社の製品は子育て世代を
> 対象としており、機関誌の読者層とは合わないと
> 判断されます。
>
> このため、社内で検討いたしました結果、残念ながら、
> 広告出稿は見送らせていただくことになりました。

> ⭕ 社内で検討いたしました結果、残念ながら、
> 貴協会の機関誌への広告出稿は、
> 見送らせていただくことになりました。
>
> 弊社の製品は子育て世代を対象としており、
> 機関誌の読者層とは合わないと判断されました。

→ 이 내용 앞에는 광고 출고 안내를 보내 준 것에 대한 인사, 뒤에는 기대에 부응
하지 못한 것에 대한 사과 문구를 넣는다.

'결론 선행'은 많은 업무 메일에서 효과가 있지만, 상황에 따라서는 '사과나 설명 등을 선행'시키는 것이 좋을 때도 있다. (p170, p188 참조)

귀 협회의 기관지에 내는 광고 출고 건입니다만, 아시는 바대로 당사의 제품은 육아 세대를 대상으로 하고 있어 기관지의 독자층과는 맞지 않는다고 판단됩니다.

이에, 사내에서 검토한 결과, 아쉽지만 광고 출고는 보류하게 되었습니다.

사내에서 검토한 결과, 아쉽지만 귀 협회 기관지의 광고 출고는 보류하게 되었습니다.

당사의 제품은 육아 세대를 대상으로 하고 있어 기관지의 독자층과는 맞지 않는다고 판단되었습니다.

단어 · 見送る(みおくる) 보류하다, 미루다

☑ 항목별로 조목조목 작성한다

회의나 이벤트 안내, 다양한 조건이 있는 의뢰 등은 항목별로 정리하면 좋다. (p138, p156, p200 참조)

특히 절차를 알려 주는 내용은 문장 속에 삽입하지 않고 개별 항목으로 작성해야 훨씬 이해하기 쉽다.

事務手続のために、次の書類をご提出ください。

1.施設利用申請書
（添付の様式にご記入ください）

2.企画説明書
（添付の様式にご記入ください）

3.貴団体の活動実績がわかる資料
（会報、ホームページのプリントアウトなど）

▶ 사무 절차를 위해, 다음의 서류를 제출해 주세요.

1. 시설 이용 신청서
(첨부 양식에 기입해 주세요)

2. 기획 설명서
(첨부 양식에 기입해 주세요)

3. 귀 단체의 활동 실적을 알 수 있는 자료 (회보, 홈페이지의 프린트물 등)

상대방에게 여러 가지 사항을 확인하고 싶을 경우에도 상대방이 대답하기 쉽도록 항목별로 작성한다. (p160 참조)

次の3点について、ご教示ください。

1　会場の最大定員

2　プロジェクター使用の可否

3　利用できるマイクの本数

▶ 다음의 3가지에 대해서 알려 주세요.

1. 회의장의 최대 정원

2. 프로젝터의 사용 가능 여부

3. 이용 가능한 마이크 대수

기본편

응용편

예문편

단어　• 手続(てつづき) 수속, 절차　　• 教示(きょうじ) 가르쳐 보임, 가르침

쓰지 않아도 될 말에 주의!

POINT 악의는 없지만 무심코 쓰게 되는 '쓸데 없는 말'에 주의하자.

✅ 인사말도 그 뜻을 생각하면서 쓴다

습관적으로 아무 생각 없이 쓰다 보면 인사가 모순될 때가 있다.

늘 신세를 지고 있습니다.
오랫동안 연락을 드리지 못해 죄송합니다.

오랫동안 격조했습니다.
그 후, 별고 없으신지요.

❌ いつもお世話になっております。
すっかりご無沙汰してしまい、申し訳ございません。

⭕ すっかりご無沙汰しております。
その後、お変わりありませんでしょうか。

→ 「ご無沙汰 오랫동안 격조함, 무소식」라고 하고 「いつもお世話になっている 늘 신세를 지고 있다」라고 말하는 것은 앞뒤가 맞지 않는다.

✅ 사생활은 말하지 않는다

어느 정도 관계냐에 따라 다르겠지만, 상대방이 어떻게 생각할지 판단이 되지 않을 경우에는 직장 동료의 휴가나 결근에 대해서 자세히 말하지 않는 편이 좋다.

죄송합니다.
상사가 휴가로 가족 여행을 가서 이 건에 대해서는 확인을 할 수 없습니다.

죄송합니다.
금일 상사가 부재중인 관계로 이 건에 대해서는 확인을 할 수 없습니다.

❌ 申し訳ございません。
上司が休暇で家族旅行に行っておりまして、
この件についての確認がとれません。

⭕ 申し訳ございません。
本日上司が不在にしておりますので、
この件についての確認がとれません。

☑ 중요도를 저울질하지 않는다

약속이 겹치지 않도록 일정 관리를 하는 게 원칙이지만 어쩔 수 없이 겹칠 경우가 있다. 그럴 때는 다음과 같이 적는다.

❌ 重要な会議が入ってしまい、
そちらの会議に行けなくなってしまいました。

◎ のっぴきならない用事が入ってしまい、
どうしても出席できなくなってしまいました。

→ 부담 없는 가벼운 교류회 등이라면 '중요한 회의'가 있다고 거절 의사를 밝혀도 괜찮다. 그러나 기본적으로 다른 회의에 가야 해서 그쪽 회의에 불참한다고 하는 것은 바람직하지 않다. 이유를 명확히 밝히면 오히려 실례가 될 수도 있다.

중요한 회의가 들어와 그쪽의 회의에 갈 수 없게 되었습니다.

피할 수 없는 용무가 들어와 도저히 참석할 수 없게 되었습니다.

☑ 어설픈 칭찬은 금물

감사 메일을 보낼 때 감상을 곁들이면 감사의 기분을 보다 잘 전할 수 있다. 그러나 칭찬하는 방법이 잘못되면 매우 실례가 될 수도 있다.

❌ 昨日はすばらしいお話をありがとうございました。
私などは人前でろくに話ができないものですから、
先生の堂々としたわかりやすいお話に感心しておりました。

◎ 昨日はすばらしいお話をありがとうございました。
先生の一つ一つのお言葉が胸に響き、
あっと言う間の１時間でした。

→ 상대방 본업의 능력에 대해 아마추어인 자신과 비교해서 칭찬하는 것은 실례다. 또한 윗사람에게 「感心する 감탄하다, 감동하다」와 같은 표현은 피하는 편이 좋다.

어제는 훌륭한 말씀 감사했습니다. 저 같은 사람은 남들 앞에서 제대로 이야기를 하지 못하기 때문에 선생님의 당당하고 알기 쉬운 설명에 감동했습니다.

어제는 훌륭한 말씀 감사했습니다. 선생님의 말씀 한마디 한마디가 가슴에 울려 한 시간이 순식간에 지나갔습니다.

단어
・のっぴきならない 어찌할(피할) 도리가 없는　　　・感心(かんしん) 감탄, 탄복

답신 인용 능숙하게 사용하기

POINT 원활한 대화를 위하여 답신 인용을 활용하자.

☑ '전문 인용'과 '부분 인용'을 필요에 따라 선택

인용에는 문장 전체를 그대로 남기는 '전문 인용'과 필요한 부분만 인용하는 '부분 인용'의 두 가지 방법이 있다.

답장 버튼을 클릭하면 먼저 전문 인용된 답신 메일이 생성된다. 이렇게 전문 인용 또는 필요한 부분만을 남기는 부분 인용을 적절히 사용하여 코멘트를 붙이면 신속하게 답신 메일을 작성할 수 있다. 메일 내용을 전체 인용하여 대화의 이력을 모두 남기고 싶을 경우에는 전문 인용을, 부분적으로 코멘트하고 싶을 경우에는 필요한 부분을 복사 · 붙여넣기하여 부분 인용을 한다.

☑ 부분 인용을 적절히 사용하는 방법

> **상대가 보낸 내용에 자세히 대답하기**
>
> >先日いただいたプランを社内で検討しましたところ、
> >会場の交通の便について懸念する意見が出されました。
> 現時点なら、他の会場の候補も2〜3挙げられますので、
> 調べて数日中ご提案いたします。
>
> >また、イベントの名称「○○フェスタ」は
> >わかりやすいと好評でした。
> ありがとうございます。
> では、イベント名については、
> これで決定とさせていただきます。

> 일전에 받은 계획을 회사 내부에서 검토한 결과,
> 회의장의 교통편에 대해 우려하는 의견이 나왔습니다.
> 현시점이라면 다른 회의장 장소의 후보지도 2~3곳 나왔으니, 조사해서 며칠 내로 제안드리겠습니다.

> 또, 이벤트 명칭 '○○페스타'는 이해하기 쉽다고 좋은 평가를 받았습니다.
> 감사합니다.
> 그럼 이벤트 명칭에 대해서는 이것으로 결정하도록 하겠습니다.

단어 ・懸念(けねん) 근심. 우려　　・フェスタ 축제. 페스티벌

상대가 보낸 내용에 코멘트하기

>ここに消費者自身が気づいていないニーズがあると
>思われます。
たいへん鋭いご指摘をありがとうございます。
企画書の冒頭部分で、ぜひこのような視点をお書き
いただきたいと思います。

>여기에 소비자 자신이 깨닫지 못
한 요구가 있다고 생각됩니다.
매우 예리한 지적 감사합니다.
기획서의 서두 부분에 부디 이러한
관점을 적어 주셨으면 합니다.

자연스럽게 정정하기

>計算すると、返品が2000個にも及んでいます。
資料がわかりにくくて、たいへん申し訳ありません。
返品数は、C-Aになりますので、200個になります。

>계산하면, 반품이 2000개에나
달합니다.
자료가 이해하기 어렵게 되어 있어
대단히 죄송합니다.
반품 수는 C-A가 되므로 200개가
됩니다.

상대가 답신 인용으로 대답하기 쉽도록 적기

「執筆者紹介」に掲載させていただきますので、
次の項目についてお知らせください。

- お名前の読み（ひらがな）
- 最終学歴
- 現職
- 研究分野
- 主な論文・ご著書

お手数ですが、次のうち、
ご都合のよい日に○をつけてご返信ください。
　3月23日　（月）
　3月24日　（火）
　3月30日　（月）
　3月31日　（火）
　4月　1日　（水）

'집필자 소개'에 게재할 테니
다음 항목에 대해 알려 주세요.
- 이름 읽는 법(히라가나)
- 최종 학력
- 현직
- 연구 분야
- 주요 논문 · 저서

번거로우시겠지만, 다음 중,
시간이 되시는 날에 동그라미 하셔
서 회신해 주세요.
3월 23일 (월)
3월 24일 (화)
3월 30일 (월)
3월 31일 (화)
4월　1일 (수)

단어　· 及ぶ（およぶ）이르다. 달하다. 미치다

10 상대방을 안심시키는 답신 메일

POINT 타이밍을 놓치지 말고, 포인트에서 벗어나지 않게 작성한다.

☑️ 답신해야 할 사항을 빠뜨리지 않는다

　　메일에는 확인 사항이나 질문이 여러 개 포함되어 있는 경우가 있는데 답신에서는 그 모든 사항에 대응해야 한다.

　　몇 가지 안건 중에 일부 응답이 없는 사항이 있으면 상대방 쪽에서는 재차 확인해야 하기 때문에 서로 불필요한 시간 낭비가 발생한다. 안건이 많아 복잡한 내용이라면 답신 인용을 사용해 하나씩 대답해 간다. (p92 참조)

강연 제목에 대해서는 잘 알겠습니다. 프로젝터의 사용 유무에 대해서는 검토해서 다음 주 중에는 답변을 드리겠습니다.

◎ 演題については、了解いたしました。
　プロジェクターの使用の有無については、
　検討して、来週中にはお返事したいと思います。

→ 이와 같이 후속 대응을 하면 상대방은 안심하고 기다릴 수 있게 된다.

☑️ 타이밍을 놓치지 않도록 일단 먼저 답장한다

　　분량이 많은 자료, 회사 내부의 검토 시간이 오래 걸릴 것으로 예상되는 안건, 급하지 않은 안건 등을 받았을 때는 뜸들이지 말고 일단 '수취했다'는 답신을 보낸다.

자료를 보내 주셔서 감사합니다. 지금부터 차분히 읽어 보겠습니다. 다시 연락드리겠습니다.

◎ 資料をお送りいただき、ありがとうございました。
　これからじっくり拝見します。
　またご連絡いたします。

◎ メールをありがとうございました。
　ご提案の件ですが、関係部署にも諮る必要があり、
　2週間ほどお時間をいただきたく存じます。
　お待たせして申し訳ありませんが、
　よろしくお願いいたします。

◎ レポートをお送りいただき、
　誠にありがとうございました。
　これから拝読し、勉強させていただきます。

메일 감사합니다.
제안하신 건은, 관계 부서에도 자
문할 필요가 있기 때문에,
2주일 정도 시간을 주셨으면 합니다.
기다리시게 해서 죄송하지만
잘 부탁드리겠습니다.

보고서를 보내 주셔서
대단히 감사합니다.
지금부터 읽고 공부하겠습니다.

약속을 복창한다

메일 교환을 통해 약속이 확정되었을 때는 일정을 다시 한번 반복하거나
답신 인용으로 명확하게 한다.

◎ ご返信ありがとうございました。
　> では、7月25日（土）10時ではいかがでしょう。
　了解いたしました。
　この時間に貴社におうかがいいたします。

◎ ご返信ありがとうございました。
　それでは、7月25日（土）10時に
　貴社におうかがいいたします。

→ 일시와 함께 장소도 덧붙이면 상대방이 더욱 안심할 수 있다.

답신 감사합니다.
> 그럼, 7월 25일(토) 10시는 어떠
　신지요?
알겠습니다.
그 시간에 귀사로 찾아뵙겠습니다.

답신 감사합니다.
그럼, 7월 25일(토) 10시에
귀사로 찾아뵙겠습니다.

기
본
편

응
용
편

예
문
편

단어　・諮る(はかる) 의견을 묻다. 상의하다　　・うかがう 찾아뵈다. 방문하다

한 마디로 끝날 말을 보다 풍성하게 만들기

POINT 한 줄을 덧붙이면 읽는 사람의 마음도 누그러진다.

 다양한 표현으로 정중함을 나타낸다

정중함을 표현하고 싶은 마음은 굴뚝같지만 선뜻 말이 떠오르지 않을 때가 있다. 그럴 때는 다음과 같은 문구가 적당하다.

신속한 답변 감사합니다.
> 그럼, 8일 오후 2시에 기다리고
  있겠습니다.
잘 부탁드립니다.

신속한 답변 감사합니다.
> 그럼, 8일 오후 2시에 기다리고
  있겠습니다.
바쁘신 중에 죄송합니다.
만나 뵙기를 고대하고 있습니다.
아무쪼록 잘 부탁드리겠습니다.

> ⚠ 早速のご返信ありがとうございました。
>　それでは、8日午後2時にお待ちしております。
よろしくお願いいたします。

↓

> ◎ 早速のご返信ありがとうございました。
>　それでは、8日午後2時にお待ちしております。
お忙しいところ、恐縮です。
お目にかかれますことを楽しみにしております。
どうかよろしくお願いいたします。

➡ 「お目にかかれますことを楽しみにしております 만나 뵙기를 고대하고 있습니다」
   라는 표현이 용건이나 상황, 상대방과의 관계에 따라 적합하지 않을 경우에는
   생략한다.

단어 ・お目(め)にかかれる 만나 뵙게 되다

▲ >レジメをお送りいたします。
ありがとうございました。

↓

◎ >レジメをお送りいたします。
早速おまとめいただき、助かりました。
ありがとうございました。
当日は、よろしくお願いいたします。

→ 상대방의 행동을 떠올리며 감사나 부탁의 말을 보충한다.

▲ 広報原稿をご確認いただき、
ありがとうございました。

↓

◎ 広報原稿をご確認いただき、
ありがとうございました。
おかげさまで、予定どおり本日、
チラシを入稿いたしました。
引き続き、よろしくお願いいたします。

→ 자신이 어떤 식으로 도움을 받았는지 구체적으로 적어 감사를 표현한다.

▶ > 요약을 보내겠습니다.
감사합니다.

> 요약을 보내겠습니다.
신속히 정리해 주셔서 큰 도움 되
었습니다. 감사합니다.
당일에는 잘 부탁드리겠습니다.

홍보 원고를 확인해 주셔서
감사합니다.

홍보 원고를 확인해 주셔서
감사합니다.
덕분에 예정대로 금일,
전단지를 입고했습니다.
계속해서 잘 부탁드리겠습니다.

기본편

응용편

예문편

단어　• 引き続き(ひきつづき) 계속해서, 이어서

휴대 전화로 메일 쓰기

POINT 작은 화면에서도 쉽게 읽힐 수 있도록 작성법을 궁리한다.

☑ 휴대 전화에서 컴퓨터로 보내는 메일

휴대 전화로 메일을 쓰면 자칫 문구가 딱딱해지기 십상이다. 이때 휴대 전화로 발신한 메일임을 알리는 문구를 넣어 상대방으로부터 양해를 얻는다.

휴대 전화로 메일을 보낼 때 다음의 사항에 유의하자.

△△社の川島です。
お世話になっております。
出張先のため、携帯メールで失礼いたします。

ご希望に合う物件が見つかりましたので、
なるべく早くお目にかけたいと思っておりますが、
ご都合はいかがでしょうか。

勝手ながら、明日か明後日ですと助かります。
ご返信をお待ちしております。

> △△사의 가와시마입니다.
> 신세 많이 지고 있습니다.
> 출장지이기 때문에 휴대 전화로 메일을 보내게 되어 죄송합니다.
>
> 희망하시는 물건이 발견되어 가급적 빨리 보여 드리고 싶은데 시간 어떠십니까?
>
> (일방적으로 말씀드려) 죄송하지만, 내일이나 모레면 감사하겠습니다.
> 답신 기다리고 있겠습니다.

① 적당한 지점에서 줄바꿈하고 단락마다 한 줄 비울 것

컴퓨터에서 표시되는 이미지를 상상하여 매듭짓기 좋은 지점에서 줄바꿈을 하고 단락마다 한 줄을 띈다.

② 반드시 제목 삽입할 것

휴대 전화의 메일에서는 제목을 넣지 않는 경우가 많으나 업무 메일을 보낼 때는 반드시 제목을 넣는다.

③ 서두에 자신의 이름 밝힐 것

보낸 사람 이름에는 메일 주소만 표시되므로 제일 처음에 자신의 이름을 밝히는 것이 좋다. 단, 서명은 생략해도 좋다.

단어 · お目(め)にかける 보여 드리다   · 勝手ながら(かってながら) 제멋대로이기는 하나

④ 긴급 용건이 아니라면 컴퓨터에서 답신할 것

휴대 전화에서는 메일의 전체 화면이 보이지 않아 상대방의 질문을 놓칠 수 있어 불충분한 답변이 되기 일쑤다. 바쁘지 않다면 가급적 컴퓨터로 답장하는 것이 좋다.

컴퓨터에서 휴대 전화로 보내는 메일

> ✕ □□社との打ち合わせで
> すが、
> 来週15日3時からではど
> うかと、
> 打診がありました。

→ 휴대 전화 화면의 줄바꿈 위치가 컴퓨터 화면과 달라 읽기 불편하다.
→ 반드시 서두에 회사명과 이름을 넣어 누구인지 밝힌다.

▶ △△사와의 미팅 건
인데,
다음 주 15일 3시부터는 어떻
겠냐고
타진해 왔습니다.

① 되도록 간결하게 작성할 것

상대방이 작은 화면에서 볼 것을 생각하여 간결하게 적는다.

② 줄바꿈에 신경쓸 것

컴퓨터 화면에 맞춰서 줄바꿈을 할 경우, 휴대 전화 화면에서는 어중간하게 표시될 수 있다. 따라서 문장 도중에 줄바꿈은 넣지 않는다.

기밀 유지 · 회사 주소로 참조(CC)

업무 정보의 기밀 유지를 위해 회사 주소의 메일을 휴대 전화로 전송하는 것을 금지하는 회사도 있다. 금지되어 있지 않다 해도 정보 취급에는 각별히 주의해야 한다. 또한, 휴대 전화를 업무 메일로 사용할 경우에는 참조(CC)에 자신의 회사 주소를 함께 넣어 두는 것이 좋다. 자신의 컴퓨터에 기록을 남길 수 있고, 상대방 쪽에서도 '전체 답장'으로 하여 회사 메일 주소로도 동시에 메일을 보낼 수 있기 때문에 편리하다.

기
본
편

응
용
편

예
문
편

전화와 메일을 조화롭게 활용하기

POINT 전화의 여운을 이용하여 자연스럽게 용건으로 들어간다.

☑ 전화로 말한 내용을 이어서 메일로 적는다

메일을 보내기 전에 미리 전화로 양해를 얻는 경우가 있다. 이때 유용한
메일 작성법은 다음과 같다.

조금 전에는 전화로 실례했습니다. ◀

취재를 부탁드린 기획의 상세에 대
해서 설명을 드리겠습니다.

조금 전, 전화드린 △△사의 야마
모토입니다.

이번에 무리한 부탁임에도 불구하고
흔쾌히 허락해 주셔서 감사합니다.

특집 기획서를 첨부하였으니
참조해 주세요.

아까는 전화 주셔서 감사합니다.
상의해 주신 상품의 사양서를 보내
드리오니 검토해 주세요.

◎ さきほどは、お電話で失礼をいたしました。

取材をお願いしました企画の詳細について、
ご説明をさせていただきます。…

◎ さきほど、お電話いたしました△△社の山本です。

このたびは、無理なお願いにもかかわらず、
ご快諾をいただき、ありがとうございました。

特集の企画書を添付いたしましたので、
ご参照ください。…

◎ さきほどは、お電話をありがとうございました。
ご相談のありました商品の仕様書をお送りいたしますので、
ご検討ください。

단어 ・このたびは 이번은, 이번에는 ・快諾(かいだく) 흔쾌히 허락함

📋 긴급 상황 시 전화가 연결되지 않을 때 보내는 메일

중대한 사고가 일어나거나 생각지도 못한 취소가 발생하는 등 상대방이 언제 확인할지 알 수 없는 상황에서 메일로만 연락을 취하는 것은 적절하지 못하다. 제일 먼저 상황을 정확하게 알리고 목소리로 감정을 전하여 사과를 표해야 한다.

만일 전화를 걸어도 상대방과 연락이 닿지 않는 경우라면 음성 메시지를 남기거나 전화 자동 응답기, 문자 메시지 등으로 긴급히 연락을 하고 싶다는 내용을 남겨 연락을 취하기 위해 노력했다는 흔적을 남기는 것이 좋다.

今ほど、ご自宅の留守番電話に入れさせていただきましたが、
明日ご講演いただくはずだった会場の○○会館が
台風の被害により、使用不能となり、
講演会の開催が困難になってしまいました。

たいへん申し訳ありませんが、開催を延期させていただきたく、
ご連絡申し上げております。
また、時間を見計らってお電話いたします。
どうかよろしくお願いいたします。

➜ 모임 장소의 상황 때문이라 하더라도 주최자는 강사에게 강연회가 연기된 것에 대해 사과를 해야 한다. 단순히 연기된 사실만 전하는 데 그치지 말고 다시 전화를 걸어 육성으로 사죄의 마음을 표현하는 것이 좋다.

기
본
편

응
용
편

예
문
편

▶ 방금 댁에 전화를 걸어 자동 응답기에 메시지를 남겼습니다만, 내일 강연해 주시기로 한 회의장인 ○○회관이 태풍 피해로 사용이 불가능하게 되어 강연회의 개최가 어렵게 되고 말았습니다.

대단히 죄송하지만, 개최를 연기해 주십사 하고 연락을 드렸습니다. 다시 시간을 봐서 전화 드리겠습니다. 아무쪼록 잘 부탁드립니다.

단어   • 留守番電話(るすばんでんわ) 전화 자동 응답기   • 見計らう(みはからう) 가늠하다, 엿보다, 고르다

「ご苦労様・お疲れ様・承知・了解」구별하기

> **POINT** 상대방에게 불쾌감을 주지 않도록 올바르게 사용한다.

☑️ 「お疲れさま」와 「ご苦労さま」의 쓰임 차이

일반적으로 다음과 같이 대상에 따라 구별하여 사용한다.

- ❌ (윗사람에게) **昨日はご苦労さまでした。** 어제는 고생하셨습니다.
- ◎ (윗사람에게) **昨日はお疲れさまでした。** 어제는 노고가 많으셨습니다.
- ◎ (함께 일한 윗사람에게) **昨日はありがとうございました。** 어제는 감사했습니다.

「ご苦労さま」와 「お疲れさま」는 모두 상대의 노고를 위로하는 말이지만, 윗사람에게는 「ご苦労さま」는 쓰지 않고 「お疲れさま」를 쓴다는 생각이 일반적이다.

한편, 아랫사람이 윗사람의 노고를 위로한다는 자체가 실례라는 견해도 있다. 따라서 강의를 마친 강사, 자신의 업무를 지도해 준 상사 등에게는 「お疲れさま」보다는 「ありがとうございました」라고 하는 편이 적절하다.

☑️ 「了解」「承知」「了承」의 쓰임 차이

이 표현들은 상대방으로부터 Yes라는 답변을 구하고 싶거나 자신이 상대방에게 Yes라고 답변을 할 경우에 자주 쓰인다.

> 💡 **사용례**

- 🔺 (윗사람에게) **ご了解くださいますようお願いいたします。** 양해해 주시길 부탁드립니다.
- 🔺 (윗사람에게) **ご承知くださいますようお願いいたします。** 승낙해 주시길 부탁드립니다.
- ◎ (윗사람에게) **ご了承くださいますようお願いいたします。** 양해해 주시길 부탁드립니다.

- ■ 「了解(りょうかい)」 → 납득하고 이해하는 것
- ■ 「承知(しょうち)」 → 듣고 동의하는 것
- ■ 「了承(りょうしょう)」 → 사정을 헤아려 승낙하는 것

「了解」와 「承知」는 받아들일 것을 강요하는 듯한 어감이 있어 실례가 될 수 있다. 그에 비해 「了承」는 사정을 헤아려 승낙해 달라는 의미가 있어, 조금은 부드러운 뉘앙스로 사용된다. 단호하게 Yes의 답변을 촉구하고 싶을 때에는 위의 두 표현도 가능하지만 일반적으로는 「了承」가 사용된다.

◎ ご無理をお願いし、誠に申し訳ありませんが、 무리한 부탁을 드려 대단해 죄송하지만,
　なにとぞご了承くださいますようお願い申し上げます。 아무쪼록 양해해 주시길 부탁드립니다.

💡 **Yes라고 답변을 할 때**

◎ 了解(いた)しました。 알겠습니다.

◎ 承知(いた)しました。 알겠습니다.

✕ 了承(いた)しました。 알겠습니다.

◎ 確かに承りました。 확실히 받았습니다(잘 알아들었습니다).

△ かしこまりました。 잘 알겠습니다(분부대로 하겠습니다).

■ 「了解」 → 이해하고 받아들인다는 뉘앙스가 강해 담당자끼리 혹은 상사와 부하 사이에서 사용된다.

■ 「承知」 → 무조건 받아들인다는 뉘앙스가 강해 일반 고객으로부터의 지시를 받는 등 일반적으로 따르는 입장이 될 경우에 적합하다. 「確かに承りました」도 마찬가지다.

■ 「かしこまりました」 → 보다 저자세 느낌의 '송구스럽다'는 의미로, 회화체에서 잘 사용되지만 업무 메일에서 쓰기에는 약간 부자연스럽다.

■ 「了承」 → 상대방의 사정을 헤아린다는 의미가 있어 일반적으로 높은 위치에서 승낙한다는 느낌이 있기 때문에 상대방에게 경의를 표하고 싶을 경우에는 부적절하다.

단어　· 確かに(たしかに) 확실히, 분명히　　· 承る(うけたまわる) '듣다', '받다'의 겸양 표현

15 확인을 부탁하는 표현

POINT 확인 후 무엇을 해주길 바라는지 정확하게 전달한다.

✅ 답변을 특별히 요구하지 않을 경우

확정된 사항이나 요청받은 자료를 보내는 경우와 같이 상대방으로부터 특별히 답신을 받지 않아도 될 경우에는 다음과 같이 쓴다.

> スケジュール表をお送りいたします。
> ご査収ください。
> よろしくお願いいたします。
> → 「査収(さ しゅう)」란, 금전이나 물품, 서류 등을 잘 확인해서 받으라는 의미로 메일에서 자주 사용되는 표현이다. 단, 선물 등을 보낼 때에는 사용하지 않는다.

스케줄표를 보냅니다.
잘 받아 주세요.
잘 부탁드리겠습니다.

✅ 간단한 확인을 부탁하고 싶을 경우

간단한 확인이 필요할 경우에는 그 의도를 명확하게 적는다.

> 会議次第の案を下記のとおりまとめましたので、
> ご確認いただきたく、お願いいたします。
>   :
> 　（会議次第の案）
>   :
> 何か不都合な点等がございましたら、お知らせください。
> 3月10日ごろには確定させたいと思いますので、
> よろしくお願いいたします。

회의 절차의 안을 아래와 같이 정리하였으니 확인해 주시길 부탁드리겠습니다.

(회의 절차 안)

무언가 적절치 못한 점이 있으면 알려 주세요.
3월 10일 경에는 확정하고자 하오니 잘 부탁드립니다.

단어 • 不都合(ふつごう) 형편이 좋지 못함

📝 손이 많이 가는 확인 작업을 부탁할 경우

확인의 요점과 기일, 답장 방법 등을 알기 쉽게 나타낸다. (p158 참조)

> ◎ 5月の会議の議事録が上がってまいりましたので、
> ワードファイルで添付いたします。
>
> お忙しいところ、たいへん恐縮ですが、
> お目通しいただき、修正などがございましたら、
> 来週15日までにご返信いただければ幸いです。
>
> なにとぞよろしくお願いいたします。
> → 「お目通し」는 인쇄물의 문서 등을 확인 받고 싶을 때에 유용한 말이다. 간단한 메일 내용을 봐 달라고 할 때는 쓰지 않는다.

5월 회의의 의사록이 완성되었으므로 워드 파일로 첨부하겠습니다.

바쁘신 중에 대단히 죄송하지만, 한번 훑어보시고 수정 사항 등이 있으시면 다음 주 15일까지 회신해 주시면 감사하겠습니다.

아무쪼록 잘 부탁드립니다.

📝 유사 표현 구별하기

☑ ご査収ください   → 상대방이 받기만 하면 될 때

☑ お確かめください   → 문제가 있으면 지적해 주길 바란다고 할 때

☑ ご確認ください   → 문제가 있으면 지적해 주길 바란다고 할 때

☑ お目通しください   → 긴 문장 등을 봐 달라고 할 때

☑ ご検討ください   → 적극적으로 의견을 구할 때

단어   ・目通し(めどおし) 한 번 훑어봄

16 장소를 안내하는 표현

POINT 전화, 주소, 약도, 위치 안내 등의 정보를 정리한다.

☑ 행사 안내 메일 – 장소 안내하기

홀, 회의장, 레스토랑 등은 대부분 홈페이지에 지도가 링크되어 있기 때문에 URL을 표시해서 안내하면 간단하다. URL로 안내할 경우라도 해당 장소의 연락처는 메일에 적어서 알리는 것이 좋다.

모임 장소 △△회관
도시마구 히가시이케부쿠로 ×××
전화 00-0000-0000

* 약도는 이쪽을 보시기 바랍니다.

유라쿠초선 히가시이케부쿠로역 6번 출구에서 도보 5분 정도입니다. 자동차로 오실 경우에는 지하 주차장을 이용하실 수 있습니다.

> 会場　△△会館
> 　　　豊島区東池袋×××
> 　　　電話00-0000-0000
>
> ＊地図は、こちらをご覧ください。
> http://sankakukaikan/map/
>
> 有楽町線東池袋駅の出口6から徒歩5分程度です。
> お車でおいでになる場合は、地下の駐車場が
> ご利用になれます。

단어　・おいでになる 오시다, 가시다, 계시다

📋 회식 초대 메일 – 장소 안내하기

　장소를 정해 만나는 경우에는 휴대 전화 번호를 알려 두면 상대방이 보다
안심할 수 있다.

> 下記のレストランにて7時にお待ちしております。
>
> 「フレンチ」　tel 00-0000-0000
> △△パークホテル15階
> http://parkhotel/french/
> ＊□□社・中村の名前で予約しております。
> 私の携帯は、000-0000-0000　です。
>
> なにとぞよろしくお願いいたします。

▶ 아래의 레스토랑에서 7시에
기다리고 있겠습니다.

「프렌치」 tel 00-0000-0000
△△파크 호텔 15층
　＊□□사・나카무라 이름으로 예
약했습니다.
제 휴대 전화는 000-0000-0000
입니다.

아무쪼록 잘 부탁드리겠습니다.

📋 약속 후 자신의 회사로 안내하기

　자신의 회사로 안내할 경우, 건물 안으로 들어온 후의 경로를 설명한다.

> それでは、9月10日午後2時にお待ちしております。
>
> 弊社の地図を添付いたします(pdf)。
> 永田町駅から徒歩8分程度です。
> 1階受付で、システム課の小林をお呼びください。
>
> ご足労をおかけいたしますが、
> なにとぞよろしくお願いいたします。
>
> → 「ご足労をおかけする」란 일부러 발길을 옮겨준 것에 대해 경의를 표하는 말이다.
> 　「ご足労をおかけし、恐縮ではございますが、이렇게 일부러 오시게 해서 죄송합니
> 　다만」등으로 사용된다. (p110 참조)

▶ 그럼, 9월 10일 오후 2시에 기다리
고 있겠습니다.

당사 약도를 첨부합니다(pdf).
나가타초 역에서 도보 8분 정도입
니다.
1층 접수처에서 시스템과의 고바
야시를 찾아 주세요.

이렇게 일부러 오시게 해서 죄송합
니다만 아무쪼록 잘 부탁드리겠습
니다.

기본편

응용편

예문편

단어　・ご足労(そくろう)をおかける 걷는 수고를 끼치다, 왕림하시게 하다

다양한 부탁 표현

POINT '부탁한다(お願い)'는 말을 반복하지 않는 작성법

☑ 일상 업무에서 가벼운 부탁하기

끝인사에 상대를 배려하는 말을 덧붙이면 보다 정중한 표현이 된다.

신세가 많습니다.(안녕하세요)
이제 8월 분의 청구서를 보내 주세요.

바쁘신 중에 수고스러우시겠지만 잘 부탁드리겠습니다.

> お世話になっております。
> そろそろ8月分の請求書をお送りください。
>
> お忙しいところお手数をおかけいたしますが、
> よろしくお願いいたします。
>
> → 정기적인 업무 확인 메일
> → 「お忙しいところお手数をおかけいたしますが、바쁘신 중에 수고를 끼칩니다만」
> 는 부탁할 때 붙이는 정형화된 문구이다.

☑ 부탁의 내용을 명확히 정리하기

무엇을 언제까지 어떻게 할지 명확하게 적는다. 복잡한 용건은 항목별로 정리한다. (p89 참조)

수고스러우시겠지만, 첨부 서류를 기입하신 후에 돌려주시길 부탁드리겠습니다.

답신은 10월 5일까지
첨부 파일로 회신해 주시거나
팩스로 보내 주세요.
(팩스번호: 00-0000-0000)

> お手数ですが、添付の書類にご記入のうえ、
> お戻しくださいますようお願いいたします。
>
> ご返信は、10月5日までに、
> 添付ファイルでご返信いただくか、
> ファックスでお送りください。
> （ファックス番号：00-0000-0000）

단어   ・そろそろ 이제 슬슬   ・戻す(もどす) 되돌리다

なにとぞよろしくお願い申し上げます。

→ 자칫하면 세 단락에서「お願い 부탁」라는 말이 중복될 뻔했으나 표현을 궁리하면「お願い」를 반복하지 않을 수 있다.

아무쪼록 잘 부탁드리겠습니다.

🔽 미안하다고 느껴지는 무리한 부탁

무리한 부탁을 해야 할 경우 일방적인 강요 표현이 아닌, 상대방에게 상황을 묻는 방식으로 작성하면 좋다. 그래야 상대방 입장에서도 받아들이기 쉽다.

つきましては、たいへん恐縮ですが、
遅くとも来週15日までに原稿をいただければ、
と考えております。

急なお願いで、本当に申し訳ありません。
ご都合はいかがでしょうか。

どうかよろしくお願いいたします。

→ 여기서도「お願い 부탁」라는 말이 중복되기 쉬운 내용이지만 한 번으로 정리되었다.「～いただければ幸いです ～해 주시면 감사하겠습니다」라는 표현도 자주 사용된다.

→ 좀 더 정중하게 표현하고 싶을 때는 위의 밑줄 친 부분을 각각「恐縮ではございますが」,「存じております」,「申し訳ございません」,「お願い申し上げます」로 표현한다.

이에, 대단히 죄송하지만,
늦어도 다음 주 15일까지 원고를 보내 주셨으면 합니다.

급히 부탁드려 정말 죄송합니다.
상황은 어떠신지요?

아무쪼록 잘 부탁드리겠습니다.

기본편

응용편

예문편

단어 · つきましては 이에, 그런고로

18 다양한 감사 표현

POINT 상대방이 무엇인가 해 주었다면 즉시 감사 인사를 보낸다.

 ☑ 흔히 하는 가벼운 인사

상대방이 무엇을 보내 주거나 미팅을 위해 시간을 내 주는 등의 도움을 주었다면 반드시 감사 메일을 보낸다.

서류를 보내 주셔서
감사했습니다.
수고를 끼쳐 드렸습니다.

어제는 저희 회사까지 찾아와 주셔서
대단히 감사했습니다.

> ◎ 書類をお送りいただきまして、
> ありがとうございました。
> お手数をおかけいたしました。
>
> ◎ 昨日は、弊社までご足労いただき、
> 誠にありがとうございました。
>
> → 「ご足労 걷는 수고를 끼침」를 「ご苦労 노고, 고생」와 혼동하여 윗사람에게 쓰면 안 된다는 견해도 있으나 옳지 않다.
> 그러나 내키지 않는다면 「お忙しいところご来社いただきまして 바쁘신 중에 회사로 와 주셔서」라고 써도 좋다.
>
> → 이어서 감사 표현을 다음과 같이 구체적으로 적는다.
> 「開発現場のリアルタイムのお話をうかがうことができ、たいへん勉強になりました 개발 현장의 생생한 말씀을 들을 수 있어서 매우 공부가 되었습니다」

☑ 마음을 담은 인사말

「ありがとうございました 감사했습니다」, 「心より感謝いたしております 진심으로 감사하고 있습니다」등의 표현을 거듭하면 감사의 마음을 보다 강하게 표현할 수 있다.

原稿をお送りいただき、
ありがとうございました。

鋭いご指摘にいちいちうなずきながら、
読ませていただきました。

お忙しいなか、ご執筆いただきましたこと、
心より感謝いたしております。

➡ 「玉稿_{ぎょっこう}옥고」, 「拝受_{はいじゅ}いたしました 삼가 받았습니다」라는 표현도 있는데 매우 격식 차린 표현이 된다.

➡ 위의 예문처럼 감사의 내용을 구체적으로 적으면 인사말을 거듭해도 장황해지지 않는다.

원고를 보내 주셔서
감사했습니다.

날카로운 지적에 하나하나 수긍하며
읽었습니다.

바쁘신 중에 집필해 주신 것
진심으로 감사하고 있습니다.

☑ 감사 문구도 여러 가지

〜していただき、   〜해 주셔서
  …ありがとうございます。   감사합니다.
  …ありがとうございました。   감사했습니다.
  …誠にありがとうございます。   대단히 감사합니다.
  …心より御礼申し上げます。   진심으로 감사의 말씀 올립니다.
〜していただきましたことを、(〜していただき、) 〜해 주신 것을 (〜해 주셔서)
  …心より感謝申し上げます。   진심으로 감사의 말씀 올립니다.
  …心より感謝いたします。   진심으로 감사드립니다.

* 「心より 진심으로」대신에, 「深く 깊이」, 「厚く 정중히, 충심으로」등도 쓰인다.
* 맺음말에 「取り急ぎ、御礼まで申し上げます 급히 감사 인사 올립니다」, 「まずは、御礼まで申し上げます 우선 감사 인사 올립니다」라고 표현해도 좋다. 「取り急ぎ 급히」, 「まずは 우선은」는, '본래는 만나 뵙고 말씀드려야 하지만, 우선은…' 이라는 의미로 모두 경의를 표하는 말이다.

단어   • 玉稿(ぎょっこう) 옥고, 남의 원고의 높임말

기본편

응용편

예문편

불쾌하지 않게 거절하는 표현

> **POINT** 이유를 명확하게 적으면 오히려 실례가 될 수도 있다.

☑ 상대방 호의에 감사 표현하기

초대나 권유 내용, 그리고 상대에 따라 표현 방식을 바꾼다.

안내문 감사합니다.
오래간만에 여러분을 뵙고 싶지만,
아쉽게도 그 날은 도저히 뵐 수 없
습니다. 모임이 성황을 이루기를
기원합니다.

◉ ご案内ありがとうございました。
　久しぶりに皆様にお目にかかりたいのですが、
　残念ながら、この日はどうしてもうかがえません。
　ご盛会をお祈りしております。

> 담당자 교류회에 괜찮으시다면
　나와 주세요.
초대 감사합니다.
꼭 찾아뵙고 싶지만, 공교롭게도
선약이 있어 참석할 수 없습니다.
또 기회가 있다면, 잘 부탁드리겠
습니다.

◉ >担当者交流会、よろしければ、お出かけください。
　お誘いありがとうございます。
　ぜひうかがいたいところなのですが、
　あいにく先約があり、参加できません。
　また機会がありましたら、よろしくお願いいたします。

> 뒤풀이 모임을 하고자 합니다.
　20일부터 28일 사이의 밤 중에
　시간 괜찮으신 날 있으신지요.
마음 써 주셔서 감사합니다.

◉ >打ち上げの会をさせていただければと考えております。
　>20日から28日までの夜で、
　>ご都合のつく日はありますでしょうか。
　お心づかい、ありがとうございます。

꼭 참석하고 싶지만, 현재, 다음 달
해외 출장 준비에 쫓기고 있습니다.
매우 아쉽지만, 이번에는 마음만
받고, 또 다른 기회에 부탁드렸으
면 합니다.

　ぜひと申し上げたいところなのですが、
　現在、来月の海外出張の準備に追われております。
　たいへん残念ですが、今回はお気持ちだけいただき、
　またの機会にお願いできればと思っております。

→ 단, VIP 등으로부터의 특별한 초대(권유)의 경우, 회식이라도 '바쁘다'는 이유로
　거절하는 것은 피하는 것이 좋다.

단어　　· 都合(つごう)がつく 형편이 닿다

❌ 祝賀パーティへのお招きありがとうございます。
残念ですが、現在仕事が忙しく、うかがうことができません。

➡️ 축하하는 자리에 '몹시 바쁘다'는 이유로 참석을 거절하는 것은 매우 실례. 너무 바빠서 참가할 수 없을 때는 「どうしても都合がつかず、出席できません 도저히 상황이 여의치 않아 참석할 수 없습니다」등과 같이 적는다.

📝 축하 파티에 초대해 주셔서 감사합니다. 아쉽지만, 현재 업무가 바빠서 찾아뵐 수 없습니다.

☑️ 용무가 겹친다면

초대나 권유를 거절해야 할 때, 누가 봐도 업무상 중요한 사유가 있다면 있는 그대로 설명해도 되겠지만 그렇지 않은 경우라면 거절 사유를 상세히 적지 않는 편이 좋다. 용무의 우선 순위가 보여 오히려 실례가 될 수 있으니 주의하자.

또한 중요한 거래처의 초대를 거절하고 싶을 때는 어떻게 대응하면 실례가 되지 않을지 상사와 상의한다.

☑️ 거절할 때 유용한 문구

◎ せっかくのお誘い(ご案内)ですが、　　모처럼 초대(안내)해 주셨는데,

◎ ぜひうがいたいところですが、　　꼭 찾아뵙고 싶지만,

　　…残念ながら　　　　　　　　　　아쉽게도

　　…あいにく　　　　　　　　　　　공교롭게도

　　…先約があり、　　　　　　　　　선약이 있어서

　　…どうしても都合がつかず、　　　도저히 상황이 여의치 않아

　　…のっぴきならない用事があり、　피치 못할 용무가 있어

　　…参加することができません。　　참석할 수가 없습니다.

　　…どうしてもうかがえません。　　도저히 참석할 수 없습니다.

　　…失礼させていただきます。　　　실례하겠습니다.

20 성의가 느껴지는 사과 표현

POINT 사태의 심각성에 따라 표현을 구별해 사용한다.

✅ 메일로 사과해도 될 경우

메일로만 사과하면 너무 가벼워 보일 수 있다. 그러나 다음의 경우는 대부분 허용된다.

> 계좌 이체 의뢰서가 동봉되어 있지 않았습니다.
대단히 죄송합니다. 바로 보내 드리겠습니다.

폐를 끼쳐 죄송합니다만, 부디 잘 부탁드리겠습니다.

대단히 죄송합니다.
조금 전 보내 드린 견적서에 잘못된 부분이 있었습니다.

부품 가격이 변경된 것을 알아채지 못하고 예전 가격으로 견적가가 작성되었습니다.
현재, 제조사에 문의하였으니 내일까지 기다려 주시면 감사하겠습니다.

불편을 끼쳐 드린 점, 진심으로 사과의 말씀 올립니다.

◎ > 口座振込依頼書が同封されていませんでした。
たいへん申し訳ありません。すぐにお送りいたします。

ご迷惑をおかけしますが、どうかよろしくお願いいたします。

◎ たいへん申し訳ありません。
さきほどお送りした見積書に誤りがありました。

パーツの価格が改定されていることに気がつかず、
古い価格での見積額になっておりました。
現在、メーカーに問い合わせておりますので、
明日までお待ちいただけましたら幸いです。

ご迷惑をおかけいたしますこと、心よりお詫び申し上げます。

→ 「申し訳ありません 죄송합니다」, 「お詫び申し上げます 사과의 말씀을 올립니다」등의 말을 거듭해 사용하면 보다 깊은 사과 표현이 된다.

단어 ・問い合わせる(といあわせる) 문의하다, 조회하다

전화로 사과한 뒤에 메일을 보낼 경우

> このたびは、会議を延期していただくような事態になり、
> たいへんなご迷惑をおかけいたしました。
> 心よりお詫び申し上げます。
>
> なんとかデータの復旧が完了し、
> 資料が完成いたしましたので、お送り申し上げます。
>
> 今後はこのような事故のないように、
> 作業体制の見直しを行ってまいりますので、
> なにとぞよろしくお願いいたします。

이번에 회의를 연기하는 사태가 일어나 대단히 폐를 끼쳐 드렸습니다. 진심으로 사과의 말씀을 올립니다.

간신히 데이터 복구가 완료되어 자료가 완성되었으므로 보내 드립니다.

앞으로는 이러한 사고가 없도록 작업 체제의 재검토를 실시해 나갈 테니 아무쪼록 잘 부탁드리겠습니다.

사태의 경중을 따진다

사태의 심각성에 따라 메일로만 끝내면 안 될 경우가 있다. 다음의 기준을 참고한다.

가볍게

① 업무상의 작은 실수(메일 송신을 잊거나 답신을 지연하는 일 등)로 상대방에게 다소 수고 또는 걱정을 끼쳤으나 실질적인 손해를 입히지 않았을 경우에는 메일로 사과해도 충분하다.

보통

② 같은 실수라 하더라도 담당자들 선을 넘어 다른 부서, 혹은 제3자에게 누를 끼쳤을 경우에는 전화로 사과를 하거나 직접 방문해서 사과를 한다. 또한, 의뢰한 업무를 일방적으로 취소했을 때에도 메일로만 떼우지 말고 전화로 사과한다.

무겁게

③ 고객과의 트러블이나 거래처에 손실을 입혔을 경우에는 개인의 문제를 넘어 회사 차원의 문제가 되므로 상사의 지시를 받아 행동한다.

단어   ・なんとか 어떻게, 그럭저럭, 간신히   ・見直す(みなおす) 다시 보다, 재검토하다

21 절대 피해야 할 표현

POINT 본인의 잘못이 아니라 해도 화내지 않는다.

화내지 않는다

　분명히 의사를 전했다고 생각했는데 상대방은 듣지 못했다고 할 때가 종종 있다. 그렇게 서로 엇갈리는 상황이 와도 화내지 않고 정중하게 설명하는 자세가 중요하다.

❌ 화를 표출한 메일의 예

お世話になっております。
>通路の幅が75センチに変更されていました。
ご希望により個室の面積を広げたため、
通路の幅が狭くなりました。
私も通路幅は90センチ必要だと考えておりますが、
前回の打ち合わせで強いご希望があったために、変更しました。
さらなる変更をご希望の場合は、
図面の引き直しに、また時間がかかりますので、ご承知おきください。

⊙ 수정 메일

早速ご検討いただき、ありがとうございました。

>通路の幅が75センチに変更されていました。
ご説明が不足しておりまして、申し訳ありません。

建物の全体の幅に制約がございますので、
個室の奥行きを広げますと、
どうしても通路が狭くなってしまいます。

신세를 지고 있습니다.
> 통로의 폭이 75센치로 변경되어 있었습니다.
희망하시는 대로 독실의 면적을 넓혔기 때문에 통로의 폭이 좁아졌습니다.
저도 통로 폭은 90센치 필요하다고 생각하고 있지만 지난 번 미팅에서 강하게 희망하셨기 때문에 변경했습니다.
추가로 변경을 희망하실 경우는 도면의 수정에 다시 시간이 걸리므로 알아 두시기 바랍니다.

즉시 검토해 주셔서 감사합니다.

> 통로의 폭이 75센치로 변경되어 있었습니다.
설명이 부족해서 죄송합니다.

건물 전체의 폭에 제약이 있어서 독실의 안쪽까지 면적을 넓히면 아무래도 통로가 좁아지게 됩니다.

단어 　·引き直し(ひきなおし) 개조, 고침　　·承知おく(しょうちおく) 미리 알아 두다, 이해하다

ご希望に合わせて、図面を修正いたしますが、
納期が数日遅れますことをお許しください。

➡ 상대가 무언가 해 주었다면 먼저 인사를 한다.

➡ 서로 의사소통이 부족해서 생긴 일에 대해서는 먼저 이쪽의 설명 부족이라고 하고 사과한다.

➡ 다음 단계의 전망을 제시하여 건설적인 방향으로 진행시킨다.

희망하시는 내용에 맞추어 도면을 수정하겠으나 납기가 며칠 늦어지는 것을 양해해 주세요.

변명하지 않는다

실수에 대해 변명하는 태도는 본인의 신뢰성을 해친다.

❌ 변명 메일

> 名簿の中の私の名前がまちがっておりました。
申し訳ありません。
参加申込みをファックスでいただいた方のお名前は、
アルバイトの者に入力させたのですが、
ファックスが読み取りにくく、まちがってしまったようです。

➡ 회사 사람의 실수는 곧 자신의 실수다. 남의 탓으로 돌리는 것은 무책임해 보인다.

> 명부 중의 제 이름이 잘못되어 있었습니다.
죄송합니다.
참가 신청을 팩스로 해 주신 분의 이름은 아르바이트 사원에게 입력을 시켰는데, 팩스가 읽기 어려워 틀린 것 같습니다.

◉ 수정 메일

> 名簿の中の私の名前がまちがっておりました。
申し訳ございません。
こちらの入力ミスでした。

たいへん失礼なことになってしまいましたことを
心よりお詫び申し上げます。
今後は、このようなまちがいのないように、
確認作業を徹底するようにいたします。
なんとかご容赦くださいますよう、お願い申し上げます。

➡ 자신의 책임으로 받아들여 사과하는 자세가 중요하다.

➡ 이름이 틀린 것은 실제 피해를 입히지는 않았다 해도 매우 실례되는 일이다.

> 명부 중의 제 이름이 잘못되어 있었습니다.
죄송합니다.
저희의 입력 실수였습니다.

대단히 실례를 범하게 된 것을 진심으로 사과의 말씀 올립니다.
앞으로는 이와 같은 잘못이 없도록 확인 작업을 철저히 하도록 하겠습니다.
아무쪼록 용서해 주시길 부탁드리겠습니다.

단어
・申込み(もうしこみ) 신청　　・読み取る(よみとる) 판독하다　　・徹底(てってい)する 철저히 하다

답변을 독촉하는 표현

POINT 서로 깜박할 수 있다는 점을 이해하고 상대방에게 부드럽게 재촉한다.

✅ 상대가 깜박 잊었다고 생각된다면

메일은 날마다 '과제'를 생산하는 장치와 같다. 메일을 많이 받는 사람일수록 안건이 쌓이는 법이다. 상대가 깜박 잊고 있다고 생각된다면 자연스럽게 재촉하자.

신세지고 있습니다.
지난주, 의사록 확인을 부탁드리는 (메일을) 보내 드렸는데,
보셨는지요?
기일이 지났으니 조속히 회신해 주시길 부탁드리겠습니다.

❌ お世話になっております。
先週、議事録確認のお願いをお送りしましたが、
ご覧になられましたでしょうか。
期日が過ぎておりますので、
至急お戻しくださいますよう、
お願いいたします。

신세지고 있습니다.
지난주 10일에 의사록 확인을 부탁드리는 (메일을) 보내 드렸는데,
도착했는지요?

바쁘신 중에 대단히 죄송하지만, 이번 주 중에 회신해 주시면 감사드리겠습니다.

만일을 위해, 의사록을 첨부합니다. (word파일) 아무쪼록 잘 부탁드립니다.

◎ お世話になっております。
先週の10日に議事録確認のお願いをお送りしましたが、
届いておりますでしょうか。

お忙しいところ、たいへん恐縮ですが、
今週中にご返信いただけましたら助かります。

念のため、議事録を添付いたします。（wordファイル）
なにとぞよろしくお願いいたします。

→ 이쪽에서 언제 메일을 보냈는지를 명기한다. 집에서 전송했거나 전에 전송한 메일의 보낸 사람과 이름이 다를 경우, 상대방은 메일을 발견하지 못할 수도 있으므로 주의하자.

단어 ・至急(しきゅう) 급히, 조속히　　・届く(とどく) 닿다, 도착하다

☑ 송신 완료된 메일을 전달해도 좋다

보낸 메일함에서 메일을 열어 '전달'하는 방식으로 재송신하면 보낸 날짜가 적혀 있기 때문에 여러 설명을 하지 않아도 된다.

단, 전달하면서 새로 부탁하는 글을 적는다. 인용 부분만을 보내면 증거를 들이대서 상대방을 추궁하는 것처럼 느껴질 수 있기 때문에 주의해야 한다.

前田様
お世話になっております。
先日、下記のようなメールをお送りいたしましたが、
届いておりますでしょうか。

お忙しいところ、たいへん申し訳ありませんが、
ご確認いただけましたら幸いです。
なにとぞよろしくお願いいたします。

------ Original Message ------
From: 鈴木陽子 <ysuzuki@sankaku.co.jp>
Sent: Monday, July 23, 20XX 11:40AM
To: 前田 広行 <maeda@shikaku.co.jp>
Subject: 発言要旨作成のお願い

前田様
△△社の鈴木です。
お世話になっております。

8月25日のシンポジウムのための
発言要旨の作成をお願いしたく
ご連絡いたしました。
15日（木）までにお送りいただけましたら
助かります。

마에다 님
신세지고 있습니다.
일전에, 하기와 같이 메일을 보냈는데, 도착했는지요?

바쁘신 중에 대단히 죄송하지만
확인해 주시면 감사드리겠습니다.
아무쪼록 잘 부탁드리겠습니다.

마에다 님
△△사의 스즈키입니다.
신세지고 있습니다.

8월 25일의 심포지움을 위해
발언 요지의 작성을 부탁드리고 싶어
연락드렸습니다.
15일(목)까지 보내 주시면
감사드리겠습니다.

기본편

응용편

예문편

단체 메일 작성법

POINT 메일 주소를 알게 된 경위를 상대방에게 설명한다.

✓ 여러 사람에게 동시에 보내는 메일임을 명확하게 밝힌다

메일에서는 단체 메일, 그룹 송신 기능 등을 활용하여 여러 사람에게 동시에 같은 내용의 메일을 보낼 수 있다.

이처럼 다수의 사람에게 보낼 때는 메일 서두에 여러 사람에게 보내는 메일임을 알 수 있도록 적는다.

봄의 제전 프로젝트 팀의 여러분께 ◀

△△사의 사카이입니다.
봄의 제전 프로젝트 팀의 여러분께
다음 모임의 연락을 드립니다.

일시 12월 15일(수) 오후 2시~5시
장소 △△사 5층 제 1회의실
의제 기획 초안에 대하여

기획 초안을 워드 파일로 첨부하였
으니 훑어봐 주세요.
그럼, 당일 잘 부탁드리겠습니다.

春の祭典プロジェクトチームのみなさまへ

△△社の酒井です。
春の祭典プロジェクトチームのみなさまに、
次回打ち合わせのご連絡をお送りします。

日時　12月15日（水）午後2時～5時
場所　△△社5階　第一会議室
議題　企画素案について

企画素案をワードファイルで添付しておりますので、
お目通しください。
では、当日よろしくお願いいたします。

☑ 리스트 등을 이용할 경우

특정 명부나 리스트를 메일 송신처로서 이용할 경우, 상대가 어떻게 자신의 주소를 알았는지 미심쩍게 생각하지 않도록 밝힐 필요가 있다.

新作発表会にご来場くださったみなさまへ

△△社開発課の遠藤です。

先日は、当社の新作発表会においでいただき、
誠にありがとうございました。

このメールは、その際、会場アンケートの情報希望欄に
アドレスを記入してくださったみなさまにお送りしております。

来たる5月1日、当社では次なるイベントを
予定しております。…

신작 발표회에 찾아 주신 여러분께

△△사 개발과의 엔도입니다.

일전에는 당사의 신작 발표회에 와 주셔서, 진심으로 감사드립니다.

이 메일은 그 때 회장 설문지의 정보 희망란에 메일 주소를 기입해 주신 분들께 보내고 있습니다.

오는 5월 1일, 당사에서는 다음 이벤트를 예정하고 있습니다.

☑ 일반인에게 정보를 송신할 때는 주의가 필요

거래처 등의 업무 관계자에게 업무상의 연락을 단체로 보낼 때는 특별히 제약은 없으나 고객 리스트를 이용해서 안내 메일을 보내는 경우에는 회사의 규약을 확인할 필요가 있다.

개인 정보가 수집되는 회사나 기관에서는 개인 정보 보호법에 따라 합법적인 목적 이외의 이용이 금지되어 있기 때문이다. 즉 개인(고객)의 메일은 제일 처음 개인 정보 등록 시 고객 본인이 승낙한 범위에서 그 이용이 한정되어 있다는 뜻이다.

또한 메일 송신 기능을 사용해 정기적으로 정보 송신을 하는 경우가 증가하고 있으나 그와 같은 경우에도 상대방의 승낙 없이 마음대로 '받는 사람' 칸에 주소를 추가하는 것은 매너에 어긋난다는 점을 반드시 인식해 두자.

개인 정보 보호법   검색

사내 메일 작성법

POINT 회사 내에서 동료와 주고받는 메일는 간결하게, 경어는 최소한으로!

✅ 받는 사람 이름과 인사는 생략해도 OK

사내 메일의 매너는 회사의 사풍에 따라 다르겠지만, 외부로 보내는 메일보다 더 간결하고 낭비를 줄이는 방식이 좋다. 일단 자신이 속한 직장의 관행에 따라야 하겠지만 다음과 같은 규칙이 일반적이다.

☑ 본문 서두에 받는 사람 이름은 생략해도 좋다. 단, 단체로 보내는 메일이라면 「社員各位 사원 각위(여러분)」, 「営業部各位 영업부 각위(여러분)」와 같이, 받는 사람의 범위가 알 수 있도록 적는다.

☑ 인사말은 불필요하다. 그래도 꼭 넣고 싶다면 「お疲れさまです 수고하십니다」정도가 좋다.

☑ 경어는 최소한의 존경어 「です」, 「ます」체로 절제한다.

✅ 상사에게 보내는 메일

직장 상사에게 업무 연락을 할 때, 경어를 필요 이상으로 덧붙일 필요는 없다. 그리고 제일 마지막에 「よろしくお願いします 잘 부탁드립니다」라는 인사를 쓸지 말지에 대해서는 회사 관습에 따른다.

> **상사에게 영업 데이터를 제출할 때**
>
> ⚠ 간결함이 부족한 메일
>
> 大山課長
> 松田です。
> お世話になっております。

오야마 과장님
마쓰다입니다.
신세를 지고 있습니다. ◀

단어 ・各位(かくい) 각위, 여러분

4月期の営業データがまとまりましたので、
添付ファイルでお送りいたします。
よろしくお願いいたします。

→ 사내 업무 연락에서 「お世話になっております」는 필요 없다.

→ 사내 업무 연락이라면 상사에게 「いたす」, 「申し上げる」등의 겸양어는 없어도
된다.

◎ 개선된 메일

松田です。
4月期の営業データがまとまりましたので、
添付します。
前年比5%アップで、小型部門が善戦です。

→ 데이터의 요점을 본문에 한마디로 적어 두면 좋다.

→ 회사에서 마주칠 때 "4월 영업 데이터를 메일로 보냈습니다." 하고 구두로 간단
히 말해 두면 업무가 원활히 진행된다.

상사에게 확인을 부탁하기

✖ 간결함이 부족한 메일

松田です。
お仕事お疲れさまです。
昨日の□□社との打ち合わせの議事録をまとめましたので、
お忙しいところ、申し訳ありませんが、
ご確認いただきたく、お願い申し上げます。

→ 같이 일하는 동료끼리 「お仕事お疲れさまです 업무, 수고하십니다」라고 하는 건
이상하다. 「出張お疲れさまです 출장, 수고하십니다」, 「残業お疲れさまです.
야근, 수고가 많으십니다」는 OK! 단, 자신의 업무를 위해 야근하고 있는 상사에게
이 표현은 적절하지 않다. 업무가 끝나고 나서 「ありがとうございました 감사했
습니다, 감사합니다」라고 인사를 건네자.

◎ 개선된 메일

松田です。
昨日の□□社との打ち合わせの議事録を
まとめましたので、確認をお願いします。

4월기의 영업 데이터가 정리되었
으므로 첨부 파일을 보냅니다.
잘 부탁드리겠습니다.

마쓰다입니다.
4월기의 영업 데이터가 정리되었
으므로 첨부합니다.
전년 대비 5% 신장하여 소형 부문
이 선전했습니다.

마쓰다입니다.
업무, 수고하십니다.
어제 있었던 □□사와의 회의 의
사록을 정리했으니, 바쁘신 중에
죄송하지만 확인해 주시길 부탁드
리겠습니다.

마쓰다입니다.
어제 있었던 □□사와의 회의 의
사록을 정리했으니 확인 부탁드리
겠습니다.

기본편

응용편

예문편

단어 ・前年比(ぜんねんひ) 전년 대비   ・まとめる 정리하다

☑ 회사 사람들에게 단체로 동시에 보내는 메일

사내에서는 담당자들에게 단체 메일을 보내거나 각 부서 또는 과 전체에 일괄적으로 메일을 보내는 일이 종종 있다. 단체로 메일을 보낼 경우에는 받는 사람 이름에 그 범위가 명확하게 나타나도록 작성한다.

영업부 각위(여러분)
센다입니다.
오늘부터 □□사 캠페인 기간에 들어갑니다. 홍보 자료의 적극적인 배포를 잘 부탁드리겠습니다.

사원 각위(여러분)
총무과에서 요청드립니다.

절전 대책을 위해 에어컨 설정 온도는
업무 구역 (하기 이외) 28도
접객 구역 (1층 전체, 2층 응접실, 회의실) 26도를 기준으로 해 주세요.

협조 부탁드리겠습니다.

판매과 각위(여러분)
와타나베입니다.

다음 번 판매 회의를 다음과 같이 개최합니다.
6월 18일(목) 오전 10시~12시
제 1회의실
의제 : 5월기 영업 실적에 대해
스마일 캠페인에 대한 반성(고찰)

배포 자료는 15일까지 작성하여 와타나베에게 제출해 주세요.

담당자 각위(여러분)
수고하십니다.
□□사의 거래처 등록을 완료했습니다. 등록번호는 1234입니다.

◉ **営業部各位**
千田です。
本日より、□□社キャンペーン期間に入ります。
宣材の積極的配布、よろしくお願いします。

◉ **社員各位**
総務課よりお願いです。

節電対策のため、エアコンの設定温度は、
業務エリア（下記以外）　28度
接客エリア（1階全体、2階応接室、会議室）　26度
をめやすとしてください。

ご協力をお願いします。

◉ **販売課各位**
渡辺です。

次回販売会議を次のとおり開催します。
6月18日（木）　午前10時～12時　第一会議室
議題：5月期の営業実績について
スマイルキャンペーンの反省

配布資料は15日までに作成し、渡辺までご提出ください。

◉ **担当者各位**
お疲れさまです。
□□社の取引先登録を完了しました。
登録番号1234です。

→ 빈번히 발생하는 내부 절차를 공유하는 연락 등은 매회 동일하게 정형화된 문구로 간결하게 보내는 것이 좋다.

◎ 企画課各位
山田課長からアイスの差し入れをいただきました。
冷凍庫に入っています。

課長、ありがとうございました!

→ 회사 분위기에 따라 다르겠지만 가끔은 이런 메일도 기분 전환으로 좋지 않을까?

기획과 각위(여러분)
야마다 과장님께서 아이스크림을
사 주셨습니다.
냉동고에 들어 있습니다.

과장님, 감사합니다!

☑ 직장 내 의사소통은 적극적으로

사내 커뮤니케이션을 무엇이든 메일로 해결하려고 하다 보면 서로의 마음이 잘 보이지 않아 팀워크가 저하될 수 있다. 중요한 데이터를 보냈다면 "지금 보냈습니다" 하고 말을 건네고, 상사에게 메일로 보고했다면 구두로 한 번 더 설명하는 식으로 틈틈이 얼굴을 마주하고 의사소통을 하는 것이 좋다.

또한, 사내 업무 연락은 간결하게 작성하는 것이 좋지만 상사와 개인적으로 메일을 주고받을 경우에는 경어를 사용하는 것이 좋다.

단어 ・めやす 목표, 기준　　　・差し入れ(さしいれ) 일하고 있는 사람을 격려하기 위해 보내는 음식물

애매모호한 메일 프라이버시

Q 회사는 직원의 메일을 체크해도 괜찮을까?

개인 앞으로 온 우편물 등의 '신서(信書, 개인의 편지, 특정의 수취인에게 보낸 사람의 의사를 표시하거나 또는 사실을 통지하는 문서)'를 타인이 마음대로 개봉하면 「비밀침해죄」에 해당되지만 전자 메일은 「종이 등의 유체물에 기재된 통신문」이 아니라는 통념이 있다.

또한 회사는 업무를 위해 사원의 메일 주소를 이용하도록 하는 입장이기 때문에 필요할 경우 관리자로서 메일의 내용을 조사해도 괜찮다고 생각하는 경향이 있다. 그러나 보통은 그렇게까지 하지 않고 사원과의 신뢰 관계를 중요시하는 회사가 많지만, 회사가 메일 내용을 들여다볼 가능성도 있다는 것을 염두해 두는 것이 좋다.

Q 상대방 모르게 자신의 상사를 숨은 참조(BCC)로 넣어도 괜찮을까?

앞서도 설명했지만, 직원이 업무를 위해 보내는 회사 메일 주소는 회사에 소속된 것이므로 외부로 보내는 업무 메일에 회사 사람을 참조로 넣는 것은 매너에 어긋난 행위가 아니다. 모든 송신 메일에 상사를 참조로 넣는 것을 규칙으로 삼고 있는 회사도 있다.

그러나 그렇다고는 해도 이를 숨은 참조(BCC)로 한다면, 상대방은 자신도 모르는 사이에 자신의 글이 다른 사람에게 읽히는 셈이 된다. 팀으로 고객을 대응해야 하는 경우라면 어쩔 수 없지만, 계속적으로 교제를 하고 있는 거래처 사람이라면 조금 꺼림직하게 느껴질 수 있다. 따라서 되도록 숨은 참조(BCC)보다는 참조(CC)를 이용하여 상대방이 인지할 수 있도록 하는 편이 서로에게 좋을 수 있다.

이메일 단골 문구

인사하기

✋ 일반적인 인사

- お世話になっております。 신세지고 있습니다.

- いつもお世話になっております。 늘 신세지고 있습니다.

✋ 격식차린 인사

- 平素は格別のお引き立てを賜り、
  誠にありがとうございます。

  평소 각별히 돌보아 주신 데 대하여 감사의 말씀을 올립니다.

- 日頃はひとかたならぬご厚情をいただき、
  厚く御礼申し上げます。

  평소 많은 온정을 베풀어 주셔서 깊이 감사의 말씀 올립니다.

✋ 초면일 때의 인사

- 初めてメールを差し上げます。 처음으로 메일을 드립니다.
  私は、△△株式会社の○○○と申します。 저는 △△주식회사의 ○○○라고 합니다.

- 突然のメールで失礼をいたします。 갑작스럽게 메일 드려 죄송합니다.
  △△株式会社の○○○と申します。 △△주식회사의 ○○○라고 합니다.

✋ 답장에 대한 인사

- メールありがとうございました。 메일 감사합니다.

- ご連絡ありがとうございました。 연락 감사합니다.

- 早速のご返信ありがとうございました。 신속한 답신 감사합니다.

✋ 오래간만일 때의 인사

- ご無沙汰しております。 격조했습니다.(오랫동안 연락 못 드렸습니다).
  その後、お変わりありませんでしょうか。 그 후, 별고 없으십니까?

본론 꺼내기

◆ 本日は、来月の ～につき、…のお願いがあり、
メールを差し上げております。

오늘은 다음 달의 ~에 대해 …의 부탁이 있어 메일을 드렸습니다.

◆ 早速ですが、先日ご相談しました ～につきまして、
正式に日程が決定いたしましたので、ご連絡申し上げます。

바로 본론입니다만, 일전에 상의드렸던 ~가 정식으로 일정이 결정되어 연락드립니다.

◆ 標記の件についてお願いがあり、ご連絡申し上げました。

표기의 건에 대해 부탁이 있어 연락드렸습니다.

◆ ご質問の点について、以下のとおりご回答申し上げます。

질문하신 부분에 대해 이하와 같이 답변드립니다.

매듭 짓기

◆ お忙しいところ申し訳ありませんが、바쁘신 중에 죄송합니다만,

◆ お手数をおかけいたしますが、번거로우시겠지만, (수고를 끼쳐 드려 죄송합니다만)

◆ これからも（今後とも）何かとご指導くださいますよう、앞으로도 여러모로 지도해 주시기를 (주시도록)
…よろしくお願いいたします。잘 부탁드리겠습니다.

…なにとぞ（どうか）よろしくお願いいたします。아무쪼록 (부디) 잘 부탁드리겠습니다.

◆ お返事をお待ちしております。답변 기다리고 있겠습니다.

◆ 取り急ぎ、ご連絡（ご報告、ご案内、お返事）まで。급히, 연락(보고, 안내, 답변) 드립니다.

◆ ご不明な点がありましたら、いつでもお問い合わせください。

불명확한 점이 있으면 언제든지 문의해 주세요.

◆ お忙しいこととは存じますが、お体には十分にお気をつけください。

매우 바쁘시리라 생각되지만 건강에 더욱 유의하세요.

[예문편]

5장

일상적인 연락 메일

주요 어휘

資料を送ります

자료를 보냅니다

제목: 2월 6일 판매점 회의 자료 ◀

□□□
점장 엔도 다카코 님

△△사의 오야마입니다.
신세를 지고 있습니다.

동절기 판매점 회의가 드디어 다음
주로 다가왔습니다.

이에, (회의에) 앞서
회의 자료를 보내겠습니다.

한번 훑어보시고,
지적 사항이나 요청 등이 있으시면
알려 주시면 감사하겠습니다.

또한, 당일, 자료는 다시 책상 위에
준비하겠지만,
일부 변경 · 추가가 있을 경우도 있
다는 것을 양해해 주세요.

바쁘신 중에 대단히 죄송하지만,
아무쪼록 잘 부탁드리겠습니다.

첨부 파일: 회의 순서. doc
20XX OO판매 데이터. xls

件名：2月6日販売店会議の資料

□□□
店長　遠藤貴子様

△△社の大山です。
お世話になっております。

冬期販売店会議がいよいよ来週に
迫ってまいりました。　…❶

つきましては、先立ちまして、　…❷
会議資料をお送りいたします。

お目通しいただき、
ご指摘やご要望などございましたら、
ご教示いただけますと、幸いです。

なお、当日、資料は改めて机上に用意いたしますが、　…❸
一部、変更・追加がある場合もございますことを、
ご了承ください。

ご多忙のところ、誠に恐れ入りますが、
なにとぞよろしくお願い申し上げます。

添付ファイル：会議次第.doc
　　　　　　　20XX○○販売データ.xls

단어 ・迫る(せまる) 다가오다, 닥쳐 오다 ・先立ちまして(さきだちまして) 앞서서

❶ 회의 예정을 상기시키는 작성법이다.

❷ 「先立ちまして 앞서」는 「その前に ㄱ 전에」, 「あらかじめ 미리」,
「〜にあたって 〜에 즈음하여, 〜를 앞두고」라는 뜻이다.

❸ 자료의 양이 많고 상대가 프린트하기 부담스러울 것 같다고 판단되는 경
우, (시간이 허락된다면) 우편으로 자료를 보내는 것도 좋다.

[우편으로 보낼 경우]
■ 資料は郵送でもお送りいたします。

[우편으로 보낼 경우, 동봉하는 서신에 적는 문장]
■ 資料は当日、会場にお持ちください。

■ 資料は会場でも用意いたしますので、お持ちいただく必要は
ございません。

▶ 자료는 우편으로도 보내겠습니다.

▶ 자료는 당일, 회의장에 지참해 주세요.

▶ 자료는 회의장에서도 준비할 테니
지참하실 필요는 없습니다.

단어   · 次第(しだい) 순서   · 用意(ようい) 준비, 대비

02 提案書を送ります
제안서를 보냅니다

제목: 제1기 조사의 조사 항목 제안 ◀

○○주식회사
세키야마 이치로 님

△△사의 야마다입니다.
신세를 지고 있습니다.

제1기 조사의 조사 항목에 대한
제안서를 작성했으므로 보내겠습
니다.

5월 20일의 회의에서의 의견을 바
탕으로 수도권에 대한 상세 조사도
추가하는 형식으로 기획했습니다.

검토 잘 부탁드리겠습니다.
(첨부 파일: 제1기 조사 항목안.doc)

件名：第一期調査の調査項目ご提案

○○株式会社
関山　一郎　様

△△社の山田です。
お世話になっております。

第一期調査の調査項目についての提案書を
作成いたしましたので、お送りします。　…❶

5月20日の会議でのご意見をふまえ、
首都圏についての詳細調査も加える形で
企画しております。　…❷

ご検討のほど、よろしくお願いいたします。
（添付ファイル：第一期調査項目案.doc）

△△株式会社　企画部　山田綾子 <ayamada@sankaku.co.jp>
〒000-0000　東京都千代田区0-0-0
電話00-0000-0000　FAX00-0000-0000

작성 요령

❶ 「～しましたので、お送り(いた)します ~했으므로, 보내겠습니다」는 업무 메일
에서 많이 쓰는 정형화된 문구다.

❷ 첨부 서류 내용이나 특별히 설명하고 싶은 점, 어필하고 싶은 점이 있으면
메일 본문에 적는다.

단어 ・ふまえる 근거로 하다, 입각하다 ・加える(くわえる) 가하다, 더하다, 보태다

03 資料を受け取りました
자료를 받았습니다

件名：RE:○○システム稼働実績のデータ

佐藤様　…❶

△△社の林です。

さっそくデータをお送りいただき、　…❷
ありがとうございました。

この稼働実績を参考にして、
改善策の検討を進めたいと思います。

お忙しいところ、お手間をおかけしました。
今後とも、よろしくお願いいたします。

林　浩之　hayashi@sankaku.co.jp
△△株式会社 〒000-0000　東京都千代田区0-0-0
電話00-0000-0000　FAX00-0000-0000

▶ 제목: RE:○○시스템 가동 실적 데이터

사토 님

△△사의 하야시입니다.

신속히 데이터를 보내 주셔서 감사합니다.

이 가동 실적을 참고로 하여 개선책의 검토를 진행하고자 합니다.

바쁘신 중에 수고스럽게 해드렸습니다. 앞으로도 잘 부탁드리겠습니다.

기본편 / 응용편 / 예문편

작성 요령

❶ 일상적인 대화가 시작되면 받는 사람의 이름은 간단하게 써도 상관없다.

❷ 다음과 같은 표현도 있다.

- 〜の資料をお送りいただき、ありがとうございました。
- 〜を拝受いたしました。ありがとうございました。

▶ 〜의 자료를 보내 주셔서 감사합니다.

▶ 〜를 받았습니다. 감사합니다.

04 # 返事、少しお待ちください
답변 조금 기다려 주세요

제목: RE:○○지 원고 확인에 대해 ◀

○○지
가와다 료코 님

△△사 총무과 하야시입니다.

원고를 보내 주셔서
감사합니다.

> 내용을 확인 부탁드리겠습니다.
폭넓게 취재해 주셔서
각각의 부서 담당자의 확인이 필요
하게 되었습니다.

죄송하지만, 이번 주 말까지 시간
을 주시겠습니까?

아무쪼록 잘 부탁드리겠습니다.

件名：RE: ○○誌原稿のご確認について

○○誌
川田　良子　様

△△社総務課の林です。

原稿をお送りくださり、
ありがとうございました。

>内容のご確認をお願いいたします。
幅広く取材していただきましたので、
それぞれの部署の者の確認が必要になっております。　…❶

申し訳ありませんが、
今週末までお時間をいただけますでしょうか。

なにとぞよろしくお願いいたします。

△△株式会社総務課　林　浩之　hayashi@sankaku.co.jp
〒000-0000　東京都千代田区 0-0-0
電話00-0000-0000　FAX00-0000-0000

작성 요령

❶ 상황에 따라서 다음과 같은 표현을 쓰기도 한다.

■ 社内で検討いたしますので、しばらくお待ちください。

■ データ等も確認のうえお返事申し上げたいと思いますので、
　1週間ほどお時間をいただければ幸いです。

사내에서 검토할 테니 잠시 기다려 ◀
주세요.

데이터 등도 확인한 후에 답변드리고 ◀
자 하오니 1주일 정도 시간을 주시면
감사하겠습니다.

05 郵便で送りました
우편으로 보냈습니다

件名：弊社20XXレポートをお送りしました

○○株式会社
石井　澄子　様

△△社の中村です。
お世話になっております。

先日お問い合わせいただいた弊社の20XXレポートですが、
100ページ以上の大部なものでしたので、
本日、郵便にて発送いたしました。　…❶

お役に立ちましたら幸いです。　…❷
よろしくお願いいたします。

中村順也　jnakamura@sankaku.co.jp
△△株式会社 〒000-0000　東京都千代田区0-0-0
電話00-0000-0000　FAX00-0000-0000

제목: 폐사 20XX 리포트를 보냈습니다

○○ 주식회사
이시이 스미코 님

△△사 나카무라입니다.
신세를 지고 있습니다.

일전에 문의하신 폐사의 20XX 리포트입니다만, 100페이지 이상의 방대한 분량이므로 금일 우편으로 발송했습니다.

도움이 되시면 좋겠습니다.
잘 부탁드립니다.

기본편
응용편
예문편

작성 요령

❶ 페이지 수가 많은 파일의 경우 우편으로 송부하는 것이 상대에게는 도움이 될 수 있다. 급하거나 상대가 전자 데이터를 이용하고 싶어할 때에는 그에 맞게 대응한다.

❷ 다음과 같은 표현도 있다.

- ご参考になりましたら、幸甚に存じます。
- ご高覧ください。

참고가 되신다면 정말 좋겠습니다.

봐 주십시오.

단어　・幸甚に(こうじんに) 매우 다행스럽게　　・高覧(こうらん) 고람(상대방이 '봄'을 높여 이르는 말)

議事録を送ります
의사록을 보냅니다

제목: 7/5 회의 의사록

□□사
가와무라 님

△△사의 히라타입니다.

일전에는 감사했습니다.
그때의 의사록이 완성되었으므로
첨부 파일로 보냅니다.

확인하시고,
수정이 필요한 부분 등이 있으면
연락 주세요.

잘 부탁드립니다.

件名：7/5打ち合わせの議事録

□□社
河村様

△△社の平田です。

先日は、ありがとうございました。
その折の議事録が出来上がりましたので、
添付ファイルにてお送りいたします。

お確かめいただき、
修正が必要な箇所などありましたら、
ご連絡ください。　…❶

よろしくお願いいたします。

△△株式会社総務課　林　浩之　hayashi@sankaku.co.jp
〒000-0000　東京都千代田区0-0-0
電話00-0000-0000　FAX00-0000-0000

작성 요령

❶ 확인을 부탁하는 표현

- お目通しいただき、何かございましたら、ご連絡ください。

- ご確認いただき、修正がございましたら、今月末までにお知らせください。

한번 훑어보시고 무언가 있으시면 연락 주세요.
확인해 보시고 수정이 있으시면 이번 달 말까지 알려 주세요.

07 約束をリマインドします
약속을 재확인하겠습니다

件名：明日お伺いします（△△社・佐藤）

□□社
木村様

△△社の佐藤です。
お世話になっております。

明日、10時に企画案のご説明に
お伺いいたします。 …❶❷

お忙しいところ、申し訳ありませんが、
なにとぞよろしくお願いいたします。

佐藤孝夫　tsatou@sankaku.co.jp
株式会社△△ 〒000-0000　東京都千代田区0-0-0
電話00-0000-0000　FAX00-0000-0000

제목: 내일 찾아뵙겠습니다.
(△△사 · 사토)

□□사
기무라 님

△△의 사토입니다.
신세를 지고 있습니다.

내일 10시에 기획안을 설명드리러
찾아뵙겠습니다.

바쁘신 중에 죄송합니다만,
아무쪼록 잘 부탁드립니다.

작성 요령

❶ 상대방 회사로 방문하는 경우가 아닐 경우 만나는 장소도 상기시킨다.

- 明日、JR飯田橋駅西口改札にて、10時にお待ちしております。

  ▶ 내일 JR이다바시역 서쪽 개찰구에서 10시에 기다리고 있겠습니다.

- 明日、弊社にて10時にお待ちしております。1階受付にて、企画課・佐藤をお呼びください。

  ▶ 내일 폐사(당사)에서 10시에 기다리고 있겠습니다. 1층 안내 데스크에서 기획과 사토를 불러 주세요.

❷ 여러 명이 방문할 경우는 방문자 수도 함께 적는다.

- 課長の沢村と私の2名で参ります。

  ▶ 과장인 사와무라와 저, 2명이 가겠습니다.

08 打ち合わせのご案内です
미팅 안내입니다

제목: 캠페인 협의에 대한 요청 (6/10) ◀

□□사
기무라 님

△△사의 사토입니다.
신세를 지고 있습니다.

전부터 일정 조정을 부탁드린
동계 캠페인 계획의 협의 일정 등이
결정되어 알려 드립니다.

■ 일시: 6월10일(화) 오전 10시~12시
■ 장소: 폐사 혼마치 빌딩 3층
　　　　제1 회의실
■ 의제: 동계 캠페인 계획에 대하여
■ 참석 예정
　□□사: 사와무라 님, 기무라 님
　○○사: 가와다 님
　폐사: 이케다, 요코야마, 센다,
　　　　사토

아울러, 당일 괜찮으시다면
끝나고 점심을 함께 하려고 생각하
는데 어떠신지요?

다망하신 중에 대단히 송구하지만
부디 잘 부탁드리겠습니다.

件名：キャンペーン打ち合わせのお願い（6/10）

□□社
木村様

△△社の佐藤です。
お世話になっております。

かねてより日程調整をお願いしておりました
冬期キャンペーン計画の打ち合わせの日程等が
決定いたしましたので、お知らせいたします。　…❶

■日時：　6月10日（火）　午前10時～12時
■場所：　弊社本町ビル3階　第一会議室　…❷❸
■議題：　冬期キャンペーン計画について
■ご出席予定
　　□□社：　沢村様、木村様
　　○○社：　川田様
　弊社：　　池田、横山、千田、佐藤　…❹

なお、当日、よろしければ、
終了後、昼食をご一緒にと考えておりますが、
ご都合はいかがでしょうか。　…❺

ご多忙の折、大変恐縮ではございますが、
なにとぞよろしくお願いいたします。

佐藤孝夫　tsatou@sankaku.co.jp
株式会社△△ 〒000-0000　東京都千代田区0-0-0
電話00-0000-0000　FAX00-0000-0000

❶ 회사 외부 사람을 모아 미팅이나 회의를 열 때 쓰는 정중한 표현이다.

■ 次回販売会議の日程等が決定しましたので、お知らせいたします。　▶　다음 판매 회의의 일정 등이 결정되었으므로 알려 드립니다.

❷ 이와 같은 경우는 「当社 당사」보다는 「弊社 폐사」를 사용한다. 「弊社」는 자신의 회사를 겸손하게 말하는 표현이다. 한편 「当社」는 「わが社 우리 회사」라는 뜻으로 겸손의 의미는 없다. 고객에게도 겸손하게 「弊社」를 쓰는 경우도 있으나 상품의 광고 등에서는 「当社」를 쓰는 경우가 많다.

❸ 장소의 안내가 필요할 경우는 106페이지를 참조하자.

❹ 여러 회사에서 참석할 경우에는 참석 예정자를 기입해 둔다. 참석하는 쪽에서도 누가 참석하는지 미리 파악할 수 있어서 좋다.

❺ 그 밖에 식사에 초대할 경우에는 다음과 같은 표현을 쓴다.

■ 終了後、お食事をご一緒させていただければと考えておりますが、ご都合はいかがでしょうか。　▶　끝나고 식사를 함께 했으면 하는데 시간 괜찮으신지요?

■ 近くに有名なフレンチのお店がございますので、終了後、ご案内したいと考えておりますが、ご都合はいかがでしょうか。　▶　근처에 유명한 프랑스 요리집이 있어서, 끝나고 안내하고자 하는데 시간 괜찮으신지요?

お問合せにお答えします
문의에 답변드립니다

제목: RE: 축구 관전에 대해서 ◀

사와다 이치로 님

□□여행사의 무라타라고 합니다.

이번에 당사 투어에 대하여 문의해 주셔서 감사합니다.

밀라노 축구 관전에 대하여 안내 말씀드립니다.

문의 주신 자유 일정을 이용하실 경우, 관전 티켓 준비 서비스를 함께 이용하시면, 밀라노에서 축구 관전이 가능합니다.

자세한 내용은 당사 홈페이지를 봐 주시기 바랍니다.

자유 일정의 상세는 이쪽에서 안내 하고 있습니다.

불분명한 부분(궁금하신 점)이 있으시면 언제라도 부담 없이 문의해 주세요.

당사 투어를 이용해 주시기를 고대 하겠습니다.

件名：RE:サッカー観戦について

沢田一郎様

□□旅行社の村田と申します。

このたびは、当社ツアーについてお問い合わせをいただき、
ありがとうございました。　…❶

ミラノでのサッカー観戦につきまして、
ご案内申し上げます。　…❷

お問い合わせのフリープランをご利用の場合、併せて
観戦チケット手配サービスをご利用いただきますと、
ミラノでのサッカー観戦が可能です。

詳しくは当社ホームページでご覧ください。
http://www.shikaku.co.jp/soccer-tickets/milano/

フリープランの詳細はこちらでご案内しております。
http://www.shikaku.co.jp/milano-free/

ご不明な点がございましたら、
いつでもお気軽にお問い合わせください。　…❸

当社ツアーのご利用を心よりお待ちしております。

村田かおり　kmurata@shikaku.co.jp
□□旅行会社 〒000-0000　東京都千代田区0-0-0
電話00-0000-0000　FAX00-0000-0000

단어　　• 併せて(あわせて) 같이, 함께　　• 気軽に(きがるに) 부담 없이, 가볍게

❶ 일반 고객으로부터 들어온 문의에 대해서는 상품 혹은 서비스를 이용해 주셔서 감사하다는 인사를 넣는다.
경우에 따라서는 이런 표현도 있다.

- 当社製品をご愛用いただき、誠にありがとうございます。

- ～をご利用（購入）いただきありがとうございます。

▶ 당사 제품을 애용해 주셔서 진심으로 감사드립니다.
▶ ~을 이용(구입)해 주셔서 감사합니다.

❷ 메일의 용건을 제일 먼저 명확히 적는다. 문의에 대한 답장일 때는 상대방 이 듣고 싶어하는 내용을 정확하게 알려 주는 것이 중요하다.

❸ 고객이 부담 없이 질문할 수 있도록 문구를 넣는다.

기본편

응용편

예문편

10 担当部署への転送（社内）
회사 내 담당 부서로 전달하기

제목: FW: [고객 상담 창구 00258]

고객 지원 센터 엔도입니다.

고객 상담 창구에 하기의 상담이 들어와 있습니다.
법인 고객이므로 영업부로 전송합니다.

대응 잘 부탁드리겠습니다.

件名：FW:[お客様相談窓口00258]

カスタマーサポートセンターの遠藤です。　…❶

お客様相談窓口に、下記のご相談がきております。
法人のお客様ですので、営業部に転送いたします。

対応よろしくお願いいたします。　…❷

遠藤美佳　endou@sankaku.co.jp
株式会社△△ 〒000-0000　東京都千代田区 0-0-0
電話00-0000-0000　FAX00-0000-0000

----- Original Message -----
From: system-cs<system-cs@sankaku.co.jp>
Sent: Friday, August 03, 20XX 12:25 PM
To: endou@sankaku.co.jp
Subject: [お客様相談窓口00258]
　　　　（以下略）

작성 요령

❶ 사내 메일에서 인사말은 필요 없다. 용건만 간결하게 적는다.

❷ 각자의 업무 분담으로서 당연한 내용을 전달하는 메일이라면 사무적으로 작성해도 괜찮다.

단어 ・窓口(まどぐち) 창구 ・転送(てんそう) 전송

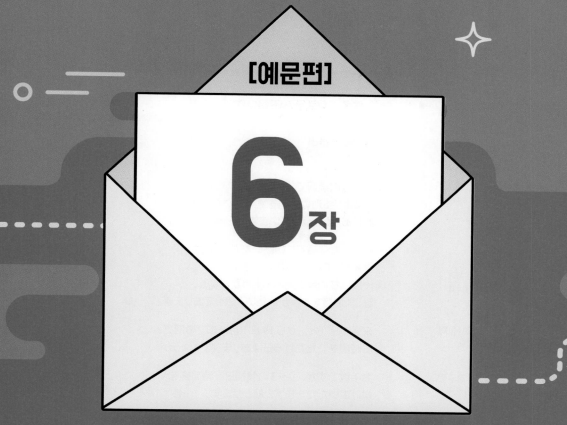

[예문편]

6장

약속 · 부탁 · 문의 메일

주요 어휘

01 アポイントをお願いします
약속을 부탁드립니다

제목: 시스템 결함 건(△△사) ◀

□□사 총무과
오키 님

△△사의 이즈미사와입니다.
평소에 각별히 돌보아주신 데 대하여 대단히 감사드립니다.

어제, 전화로 상담해 주신
시스템 결함 건에 대해서
한번 기술자를 데리고 방문하여
자세하게 말씀을 듣고 싶습니다.

다음 주 6일(화)부터 19일(월) 사이에
괜찮으신 시간이 있으신지요.

번거로우시겠지만, 2~3일 정도 괜찮으신 날짜와 시간대를 알려 주시면 감사드리겠습니다.

문제가 발생된 업무 담당자 분도 동석해 주시면 매우 감사하겠습니다.

바쁘신 중에 죄송하지만,
아무쪼록 잘 부탁드리겠습니다.

> 件名：システム不調の件（△△社）

□□社総務課
大木様

△△社の泉沢です。
日頃より格別のお引き立てをいただき、
誠にありがとうございます。　…❶

昨日、お電話でご相談いただきました
システムの不調の件につきまして、
一度、技術者を連れておうかがいし、
詳しくお話をうかがいたいと思っております。　…❷

来週6日（火）から19日（月）までの間で、
お時間をいただける日はありますでしょうか。

お手数ですが、2〜3の候補日・時間帯を
挙げていただきますと助かります。　…❸

問題が発生している業務のご担当の方のご同席も
いただけましたら、たいへん幸いに存じます。

お忙しいところ、恐縮ではございますが、
なにとぞよろしくお願いいたします。

株式会社△△　システム開発部営業課
泉沢健太　kizumisawa@sankaku.co.jp
〒000-0000　東京都千代田区0-0-0
電話00-0000-0000　FAX00-0000-0000

144

① 비즈니스 문서라도 고객에게 정중하게 인사말을 건네고 싶을 때 적합한 문구다. 그냥 간단하게 적고 싶다면 「いつもお世話になっております _{늘 신세지고 있습니다}」정도만 써도 문제는 없다.

② 급하게 의뢰를 해야 할 경우에는 다음과 같이 써도 좋다.

- 急なお願いでたいへん失礼ですが、
  下記の取材にご協力いただけないかと思い、
  ご連絡を差し上げました。
  つきましては…

> 급하게 부탁을 드려 대단히 죄송하지만, 하기의 취재에 협조해 주실 수 없을까 하여 연락을 드렸습니다. 이에…

③ 먼저 상대방에게 괜찮은 시간을 물은 뒤, 만일 자신의 스케줄과 맞지 않는다면 다시 다른 날을 알려 달라고 한다. 하지만 여러 번 변경을 요청하는 것은 실례가 되므로 자신에게 허락된 날짜가 한정적일 경우에는 다음과 같이 상대방에게 날짜를 골라 달라고 하는 것도 좋다.

- 6日 (火)、7日 (水)、13日 (火)、15日 (木) あたりで、
  ご都合のよい日はございますでしょうか。

> 6일(화), 7일(수), 13일(화), 15일(목) 중에 괜찮으신 날이 있으신가요?

- 今月末までの間で、お時間をいただけませんでしょうか。
  なお、たいへん勝手ながら、24日（木）〜25日（金）は
  出張が入っておりますので、その他の日でお願いできれば、
  幸いです。

> 이번 달 말 안에 시간을 내 주시지 않겠습니까? 아울러 대단히 죄송하지만, 24일(목)~25일(금)은 출장이 있어서 다른 날로 부탁드리겠습니다.

기본편

응용편

예문편

단어

· **不調 (ふちょう)** 상태가 좋지 않음. 불량　　· **連れる (つれる)** 동반하다　　· **挙げる (あげる)** 예로 들다

02 アポイントの詰め方
약속을 조정하는 방법

제목: RE: 시스템 결함 건(△△사) ◀

△△사 시스템 개발부 영업과
이즈미사와 님

□□사 오키입니다.
메일 감사합니다.

> 다음 주 6일(화)부터 19일(월) 사이에
  시간을 내 주실 수 있는 날이 있
  으신지요.

부서 담당자와 스케줄을 조정해 본
결과, 6일(화) 또는 13일(화) 오전 중
이라면 동석할 수 있다고 합니다.

이 날짜 중에 뵐 수 있을까요?

아무쪼록 잘 부탁드리겠습니다.

件名：RE: システム不調の件（△△社）

△△社　システム開発部営業課
泉沢様

□□社の大木です。
メールをありがとうございました。　…❶

>来週6日（火）から19日（月）までの間で、
>お時間をいただける日はありますでしょうか。

担当部署の者とスケジュールを調整したところ、
6日（火）か13日（火）の午前中であれば、
同席できるとのことです。

このいずれかの日においでいただくことは
可能でしょうか。　…❷

なにとぞよろしくお願いいたします。

株式会社□□　総務課　大木祐介　yoki@shikaku.co.jp
〒000-0000　東京都中央区0-0-0
電話00-0000-0000　FAX00-0000-0000

작성 요령

❶ 답장에는 반드시 메일에 대한 감사 인사를 쓴다.

❷ 이 질문에 상대방으로부터 언제가 좋다고 하는 답변이 오면 알겠다는
  답변을 보내어 약속을 확정 짓는다.

03 待ち合わせをお願いします
(만날) 약속을 부탁드립니다

件名：2/12打ち合わせについて

桜井様

△△社の片山です。
お世話になっております。

このたびは、お忙しい中、
調整をしていただき、ありがとうございます。

＞午後2時に新宿駅近辺ならば、お会いできます。
それでは、新宿駅中央東口からすぐの「かふぇ」では
いかがでしょうか。

「かふぇ」新宿区新宿三丁目0-0
TEL 00-0000-0000
http://www.navinavi/cafeshinjuku/

ここで、2月12日（火）午後2時にお待ちしたいと思います。
よろしければ、ひとことご返信ください。

念のため、私の携帯の番号をお知らせしておきます。
000-0000-0000

よろしくお願い申し上げます。

片山洋子　ykatayama@sankaku.co.jp
株式会社△△ 〒000-0000　東京都千代田区0-0-0
電話00-0000-0000　FAX00-0000-0000

제목: 2/12 회의에 대하여

사쿠라이 님

△△사의 가타야마입니다.
신세를 지고 있습니다.

이번에 바쁘신 중에
조정을 해 주셔서 감사합니다.

＞ 오후 2시에 신주쿠 역 부근이라
면 만날 수 있습니다.
그럼 신주쿠역 중앙 동쪽 출구에서
바로 보이는 '카페'는 어떠신가요?

「카페」 신주쿠구 신주쿠 산쵸메 0-0

여기서 2월 12일(화) 오후 2시에 기
다리고 있겠습니다. 괜찮으시다면
간단히 답신 부탁드립니다.

만일을 위해 제 휴대 전화 번호를
알려 드리겠습니다.

잘 부탁드리겠습니다.

会議の日程調整をお願いします
회의 일정 조정을 부탁드립니다

제목: CDS 제 1회 위원회 일정 조정에 대하여

위원 각위(여러분)

CDS위원회 사무국을 담당하는 △△사의 아라이라고 합니다. 이번에는 CDS위원회 위원을 맡아 주셔서 진심으로 감사합니다.

바로 본론입니다만, 제 1회 위원회에 대하여 여러분의 시간이 어떠신지 여쭙고자 연락을 드렸습니다.

바쁘신 중에 대단히 죄송하지만, 첨부의 일정 조정표(엑셀 파일)에 괜찮으신 시간을 기입하셔서 제게 답장해 주세요.

여러분 모두 괜찮으신 날로 결정되었으면 합니다.

일방적으로 부탁드려 대단히 죄송하지만, 이번 주말 23일(금)까지 답장해 주시면 감사드리겠습니다.

수고스러우시겠지만, 아무쪼록 잘 부탁드리겠습니다.

件名：CDS 第 1 回委員会の日程調整について

委員各位　…❶

CDS委員会の事務局を務めます△△社の新井と申します。
このたびは、CDS委員会委員をお引き受けくださり、
誠にありがとうございます。

さっそくですが、第 1 回委員会について、
皆様のご都合をお伺いしたく、
ご連絡を差し上げております。　…❷

ご多忙のところ、たいへん恐縮ですが、
添付の日程調整表（エクセルファイル）に、
ご都合をご記入いただき、私までご返信ください。　…❸

全員の皆様のご都合のよい日に決定できればと
考えております。

誠に勝手ではございますが、今週末の 23 日（金）までに　…❹
ご返信いただければ幸いです。

お手数をおかけいたしますが、
なにとぞよろしくお願いいたします。

株式会社△△　システム開発部営業課
新井美樹　marai@sankaku.co.jp
〒000-0000　東京都千代田区 0-0-0
電話00-0000-0000　FAX00-0000-0000

❶ 「委員各位 위원 각위」는 「委員の皆様 위원 여러분」라는 의미다.

❷ 서로 모르는 사람들에게 단체로 메일을 보낼 때에는 숨은 참조(BCC)로 하여 서로의 메일 주소가 보이지 않게 해서 보내는 것이 좋다. 본문 첫머리에 「各位 각위, 여러분」라고 적어서 여러 사람에게 일괄 송부한 메일임을 알 수 있게 한다.

❸ 엑셀표로 달력을 만들어 가능한 날짜 또는 불가능한 날짜에 표시해서 보내달라고 하면 일정을 조율하기 쉽다. 후보로 거론된 날짜가 적을 때는 첨부 파일로 보내지 말고 메일 본문에 다음과 같이 적는다.

■ 次のうち、ご都合のよい日時に○をつけてご返信ください。

4月15日（月）午前
4月16日（火）午前
4月16日（火）午後
4月18日（木）午前
4月19日（金）午前

❹ 답장을 요청할 때는 기한도 함께 적는 것이 좋다.

▶ 다음 중, 괜찮으신 날짜에 동그라미 표시하여 회신해 주세요.

기본편

응용편

예문편

アポの変更をお願いします
약속 변경을 부탁드립니다

제목: 1/12 미팅 연기에 대한 요청

□□사
오미야 님

△△사의 야마다입니다.
신세를 지고 있습니다.

매우 일방적으로 말씀드려 죄송하지만 연초 1월 12일에 예정했던 미팅에 대해 연기를 부탁드리고 싶어 연락드렸습니다.

폐사 내부 일정의 관계로 중요한 검토 재료가 갖추어지지 않았음을 알게 되었습니다.

한 번 더 1월 17일(월) 이후로 일정 조정을 부탁드리는 것은 가능한지요?

누를 끼쳐 대단히 죄송합니다.

아무쪼록 잘 부탁드리겠습니다.

件名：1/12打ち合わせ延期のお願い

□□社
大宮様

△△社の山田です。
お世話になっております。

たいへん勝手ながら、
年明け1月12日にご予定いただいております
打ち合わせにつきまして、
延期をお願いしたく、ご連絡いたしました。　…❶

弊社内部のスケジュールの関係で
重要な検討材料がそろわないことがわかりました。　…❷

今一度、1月17日（月）以降で、
日程の調整をお願いすることは可能でしょうか。

ご迷惑をおかけし、たいへん申し訳ありません。　…❸

なにとぞよろしくお願いいたします。

株式会社△△　事業部1課　山田勇人
yyamada@sankaku.co.jp
〒000-0000　東京都千代田区0-0-0
電話00-0000-0000　FAX00-0000-000

단어　アポ 약속, 'アポイントメント'의 줄임말　・年明け(としあけ) 새해, 신년, 연초

1 이런 경우에는 변명부터 늘어놓지 말고 용건의 핵심을 먼저 적는다. 또한 내용에 따라서 다르겠지만, 1주일도 채 남지 않은 상태에서 일정을 취소하는 것은 굉장히 실례되는 일이므로 가급적 전화로 사과를 전하는 편이 좋다. 반대로 조금 가벼운 경우나 부담 없는 상대일 경우에는 다음과 같이 작성할 수 있다.

- 昨日お約束させていただいた3月5日の件ですが、
  翌6日に変更していただくことは可能でしょうか。

  ▶ 어제 약속한 3월 5일의 건인데,
  다음 날 6일로 변경하는 것은 가능할까요?

2 이유에 대해서는 변명하듯이 적지 말고 담담하게 작성한다. 만일 약속 연기의 이유가 자신의 업무 지연이나 다른 거래처와의 약속 때문일 경우에는 정직하게 적지 않는 게 좋다. 오히려 실례가 될 수 있다.

- ✖ ほかの用事が入ってしまいました。

  ▶ 다른 용무가 들어왔습니다.

- ✖ 私の仕事がたいへん多忙になってしまいました。

  ▶ 제 업무가 매우 바빠졌습니다.

- ◎ この日はどうしても都合がつかなくなってしまいました。

  ▶ 이 날은 도저히 일정이 맞지 않게 되었습니다.

3 좀 더 진지하게 사과해야 할 경우의 작성법

- ご多忙な折、たいへんご迷惑をおかけし、
  申し訳ございません。

  ▶ 바쁘신 중에 대단히 폐를 끼쳐 죄송합니다.

- ご無理をしていただきましたのに、
  たいへん申し訳ございません。
  心よりお詫び申し上げます。

  ▶ 무리를 해주셨는데,
  대단히 죄송합니다.
  진심으로 사과의 말씀을 올립니다.

06 面識のない人に講演依頼
안면이 없는 사람에게 강연 의뢰하기

제목: 신입 연수 강사의 요청 ◀

후지무라 가요코 선생님

갑작스럽게 메일을 드려 죄송합니다. 저는 주식회사 △△인사부의 사이토 마유라고 합니다.
□□연수 센터의 스기이 님으로부터 연락처를 여쭈어 메일을 드렸습니다.

폐사에서는 4월 10일(월)부터 1주 일간의 예정으로 신입 연수를 실시하게 되었는데, 그 중에서 선생님께 기본 매너의 강의를 부탁드릴 수 없을까 하고 생각했습니다.

4월 10일(월)부터 14일(금) 중에서 와 주실 수 있는 날은 있으신가요?

회장은 ○○역에서 도보 5분인 폐사의 본사 빌딩 회의실을 예정하고 있습니다.

선생님의 저서를 읽고, 마음을 통하게 하는 이상적인 매너에 대해서 부디 신입 사원에게 교육시키고 싶었습니다.

승낙해 주시면 대단히 감사하겠습니다. 아무쪼록 잘 부탁드리겠습니다.

件名：新人研修講師のお願い

藤村香代子　先生

突然のメールにて失礼をいたします。
私は、株式会社△△人事部の斉藤真由と申します。
□□研修センターの杉井様からご連絡先をお聞きし、
メールを差し上げております。　…❶

弊社では、4月10日（月）より1週間の予定で、
新人研修を実施することになっており、
その中で、先生に基本マナーのご講義を
お願いできないかと、考えております。

4月10日（月）から14日（金）の間で、
おいでいただける日はございますでしょうか。　…❷

会場は、○○駅から徒歩5分の弊社の本社ビル
会議室を予定しております。

先生のご著書を拝見しまして、
心を通わせるマナーのあり方について、
ぜひ新入社員に学ばせたいと考えております。　…❸

お受けいただけましたら、たいへん幸甚に存じます。
なにとぞよろしくお願いいたします。

株式会社△△人事部　斉藤真由　saito@sankaku.co.jp
〒000-0000　東京都千代田区0-0-0
電話00-0000-0000　FAX00-0000-0000

① 안면이 없는 사람에게 처음으로 메일을 보낼 경우에는 메일 주소를 어떻게 알게 되었는지 설명한다. 이처럼 본업에 해당하는 업무를 의뢰하는 경우에는 소개자의 중개 없이 메일을 보내도 상관없지만, 그 사람의 본업과는 관계없는 용건일 경우에는 먼저 소개자를 통해 메일 주소를 받아도 좋은지 당사자로부터 확인을 받는 편이 좋다. (p157 참조) 개인에게 전화를 할 경우에도 마찬가지다.

② 부탁하고자 하는 날짜가 이미 정해져 있어서 반드시 그 날짜에만 가능할 경우에는 미리 그 사실을 명확하게 적는다.

- 4月10日に先生のご講演をお願いしたいのですが、
  ご都合はいかがでしょうか。
  諸事情で日程が先に決定しており、恐縮です。

▶ 4월 10일에 선생님의 강연을 부탁드리고 싶은데, 시간은 어떠신지요? 제반 사정으로 일정이 먼저 결정되어 대단히 죄송합니다.

③ 어떠한 이유로 부탁을 하고자 하는지 잘 전달할 수 있다면 적는 것도 좋다. 그러나 설명하기 어려울 때는 무리해서 적지 않아도 된다. 어설픈 인사치레보다는 다음과 같이 담백하게 작성한다.

- 先生のご著書も拝見いたしました。
  ぜひお願いしたく存じております。
  なにとぞよろしくお願いいたします。

▶ 선생님의 저서도 읽었습니다. 꼭 부탁드리고 싶습니다. 아무쪼록 잘 부탁드립니다.

書類提出をお願いします
서류 제출을 부탁드립니다

제목: 계좌 등록 서류의 요청 ◀

□□컨설팅
하야카와 미에 님
　　cc:총무과 · 홋타

△△사 영업과 고야마입니다.
신세를 지고 있습니다.

이번에 폐사 서비스 어드바이저를
맡아 주셔서 대단히 감사합니다.

바로 용건입니다만, 사례비를 지불
하기 위해 계좌 등록 절차가 필요
합니다.

번거로우시겠지만, 첨부의 양식에
기입하셔서 회신해 주시길 부탁드
리겠습니다.

이번달 중에 회신 주시면 감사드리
겠습니다. 아무쪼록 잘 부탁드리겠
습니다.
(첨부 파일: 계좌등록표.doc)

件名：口座登録書類のお願い

□□コンサルティング
早川美恵様
　　cc:総務課・堀田　…❶

△△社営業課の小山です。
お世話になっております。

このたびは、弊社サービスアドバイザーを
お引き受けいただき、誠にありがとうございます。

早速ですが、ご謝礼のお支払いのために、
口座登録の手続きが必要となっております。

ご面倒ですが、添付の様式にご記入いただき、
ご返信くださいますよう、お願い申し上げます。

今月中にご返信いただけましたら助かります。
なにとぞよろしくお願いいたします。
（添付ファイル：口座登録票.doc）

株式会社△△営業課　小山　伸　koyama@sankaku.co.jp
〒000-0000　東京都千代田区0-0-0
電話00-0000-0000　FAX00-0000-0000

작성 요령

❶ 담당 부서에 참조(cc)로 보낼 경우에는 받는 사람 이름에 「CC: ～」를 추
　가로 기입한다.

08 見積りの依頼状を送ります
견적 의뢰서를 보냅니다

件名：レポート製作費見積もりのお願い

□□社
中野亜矢子様

△△社の三橋です。お世話になっております。

先日、お電話でご相談いたしましたが、
改めて「調査レポート20XX」の製作費の見積もりを
お願いしたく、依頼状をお送りします。　…❶

冊子の体裁等については、先日ご相談した内容と
変更はありませんが、ページ数が倍になっております。
予算を超えるようであれば、ページ数を抑制することも
必要かと考えております。　…❷

なにとぞよろしくお願いいたします。
（添付ファイル：20XXレポ見積もり依頼.doc）

株式会社△△調査部　三橋千春　mitsuhasi@sankaku.co.jp
〒000-0000　東京都千代田区0-0-0
電話00-0000-0000　FAX00-0000-0000

제목: 리포트 제작 견적 요청

□□사
나카노 아야코 님

△△사 미쓰시입니다. 신세를 지고 있습니다.

일전에 전화로 상의드렸습니다만, 다시 「조사 리포트 20XX」의 제작비 견적을 요청드리고자 의뢰서를 송부합니다.

책자의 형식에 대해서는 일전에 상의드렸던 내용과 변경은 없습니다만, 페이지 수가 두 배가 되었습니다. 예산을 초과할 것 같으면 페이지 수를 줄이는 것도 필요하리라 생각합니다.

아무쪼록 잘 부탁드리겠습니다.
(첨부 파일: 20XX리포트 견적 의뢰.doc)

기본편

응용편

예문편

작성 요령

❶ 먼저 전화로 개요를 설명한 후에 정식으로 견적 의뢰할 경우에 작성하는 방법이다. 견적에 필요한 조건은 첨부 파일의 의뢰서에 간략하게 정리한다.

❷ 의뢰서에 넣기 어려운 보충 설명은 메일 본문에 적는다.

09 # 原稿をお願いします
원고를 부탁드립니다

제목: 월간 「건강」 원고 부탁 ◀

다카하시 신이치 선생님

△△사 홍보부의 이시카와입니다.

조금 전에는 갑자기 전화를 드려 실례가 많았습니다. 원고 집필 요청을 흔쾌히 승낙해 주셔서 대단히 감사합니다.

부탁드리고 싶은 내용은 아래와 같습니다.

■ 게재 잡지: 폐사 PR지「건강」7월호
■ 주제: 더위에 지치지 않는 몸 만들기
■ 원고 글자 수: 1200자 정도
■ 마감: 4월 28일(수)
■ 사례: 15,000엔(원천세 포함)
＊ 글자 수에 관해서는 1200자 전후로 해도 괜찮습니다.
＊ 워드 파일로 보내 주시면 감사하겠습니다.

바쁘신 중에 죄송하지만,
아무쪼록 잘 부탁드리겠습니다.

> 件名：月刊「すこやか」原稿のお願い

高橋真一先生

△△社広報部の石川です。

さきほどは突然お電話をいたしまして、失礼をしました。
原稿ご執筆のお願いをご快諾くださいまして、
誠にありがとうございました。

お願いしたい内容は下記のとおりでございます。　…❶

■ 掲載誌：　　弊社PR誌「すこやか」7月号
■ テーマ：　　夏バテしない体づくり
■ 原稿字数：　1200字程度
■ 締め切り：　4月28日（水）
■ ご謝礼：　　15,000円（源泉込み）
＊文字数に関しましては、多少前後しても結構です。
＊Wordファイルでいただけましたら、助かります。

お忙しいところ恐縮ですが、
なにとぞよろしくお願いいたします。

株式会社△△広報部　石川純也　jishikawa@sankaku.co.jp
〒000-0000　東京都千代田区0-0-0
電話00-0000-0000　FAX00-0000-0000

작성 요령

❶ 요점을 항목별로 정리한다. 게재 잡지의 취지나 내용에 대한 희망 사항은 필요에 따라 보충 설명한다.

10 アドレスを教えてもよいですか
메일 주소를 알려 주어도 괜찮습니까?

件名：毎朝新聞からの取材依頼

海山先生

△△社の小林です。
いつもお世話になっております。

本日、毎朝新聞社政治部記者の太田氏より、
先生にご著書『日本のゆくえ』に関して
取材をお願いしたいという連絡がありました。　…❶

先生のお電話番号もしくはメールアドレスを
先方に伝えてもよろしいでしょうか。　…❷

お忙しいところ恐縮ですが、お返事をお待ちしております。
よろしくお願いいたします。

小林　優子　kobayashi@sankaku.co.jp
△△株式会社　編集部 〒000-0000　東京都千代田区0-0-0
電話00-0000-0000　FAX00-0000-0000

제목: 마이아사 신문의 취재 의뢰

가이잔 선생님

△△사 고바야시입니다.
늘 신세지고 있습니다.

금일, 마이아사신문사 정치부 기자인 오타 씨로부터 선생님께 저서 『일본의 행방』에 관해 취재를 부탁드리고 싶다는 연락이 있었습니다.

선생님의 전화 번호 혹은 메일 주소를 상대방(기자)에게 전해도 괜찮겠습니까?

바쁘신 중에 죄송하지만, 답변을 기다리고 있겠습니다. 잘 부탁드리겠습니다.

기본편 응용편 예문편

작성 요령

❶ 이와 같은 경우는 상대방의 메일을 인용해도 좋다.

❷ 타인의 메일 주소 등의 연락처를 제 3자에게 전할 경우에는 당사자의 승낙을 받는 것이 원칙이다. 그러나 영업용 메일 주소라서 사전 허락 없이 제 3자에게 전해도 문제가 되지 않는 경우도 있다. 만일 잘 판단이 되지 않을 경우에는 역시 당사자에게 연락하여 향후 동일한 건으로 문의가 들어올 때 어떻게 하면 좋을지 확인해 두는 편이 좋다.

確認をお願いします（社外）

확인을 부탁드립니다 (회사 외부)

제목: 20XX 박람회 팸플릿 교정입니다

□□사
하시모토 님

△△사 히라타입니다.
신세를 지고 있습니다.

20XX 박람회의 팸플릿의 교정이 나왔습니다. PDF파일로 첨부하오니 내용 확인을 부탁드리겠습니다.

교정 등이 있으시면 번거로우시겠지만, 메일 혹은 팩스로 회신해 주세요.

죄송하지만 연락은 이번 주 말까지 해 주시면 감사하겠습니다.
아무쪼록 잘 부탁드리겠습니다.

件名：20XXフェアパンフの校正です

□□社
橋本様

△△社の平田です。
お世話になっております。

20XXフェアのパンフレットの校正が出ました。
PDFファイルで添付いたしますので、
内容のご確認をお願いします。

修正等ございましたら、
お手数ですが、メールもしくはファックスで
ご返信ください。 …❶

申し訳ありませんが、ご連絡は今週末までに
お願いできますと助かります。
なにとぞよろしくお願いいたします。

平田健太郎　khirata@sankaku.co.jp
株式会社△△ 〒000-0000　東京都千代田区0-0-0
電話00-0000-0000　FAX00-0000-0000

작성 요령

❶ 문장으로 전하기 어려운 수정이 있을 경우 상대방에게 프린트해서 수기로 표시하여 팩스로 보내주든가 캡쳐해서 첨부 파일로 보내 달라고 한다. 분량이 많을 경우에는 프린트도 번거로울 수 있으므로 만일 시간적으로 여유가 된다면 인쇄해서 출력물을 우편으로 송부한다. (p135 참조)

12 確認をお願いします（社内）
확인을 부탁드립니다 (회사 내부)

件名：20XXフェアパンフの校正です

平田です。

20XXフェアのパンフレットの校正が出ましたので、
確認をお願いします。　…❶

現在、□□社の橋本様にもご確認いただいています。　…❷
今週末までにとりまとめる予定ですので、
よろしくお願いします。

（添付ファイル：20XXfair.pdf）

平田健太郎　khirata@sankaku.co.jp
株式会社△△　〒000-0000　東京都千代田区0-0-0
電話00-0000-0000　FAX00-0000-0000

제목: 20XX 박람회 팸플릿 교정입니다

히라타입니다.

20XX 박람회 팸플릿의 교정이 나왔으니 확인을 부탁드립니다.

현재 □□사 하시모토 님께도 확인을 받고 있습니다.
이번 주 말까지 정리할 예정이므로 잘 부탁드리겠습니다.

（첨부 파일: 20XXfair.pdf）

기본편
응용편
예문편

작성 요령

❶ 사내 메일의 경우는 상대가 상사나 선배라고 해도 간략하게 적어서 보내도 상관없다.

❷ 사내 메일이라도 회사 외부 사람의 이야기를 적을 때는 그에 맞는 경어를 사용한다.

단어　・とりまとめる 정리하다, 한데 모으다

13 **〜について教えてください**
~에 대해서 가르쳐 주세요

제목: 10/7 직원실 출입 허가에 대해 ◀

□□사
가와카미 님

△△사의 구도입니다.
신세를 지고 있습니다.

10월 7일 이벤트 당일의 사항에 대하여 가르쳐 주셨으면 하는 것이 있어 연락드렸습니다.

> 각 사 담당자는 전원, 직원실에 집합합니다.
알겠습니다.
확인해 봤더니, 일반 고객 출입 금지 구역이므로 허가증 등의 휴대가 필요하지 않을까 생각됩니다.

이 점에 관해, 두 가지 가르쳐 주세요.

1. 출입 금지 구역에 들어가기 위한 허가증 등의 발행은 어디에 부탁드리면 좋을까요?

2. 현재, 저희 담당자는 3명인데, 늘어날 가능성이 있으므로 2명분 여분으로 발행해 주시는 것은 가능한가요?

수고스러우겠지만,
아무쪼록 잘 부탁드리겠습니다.

件名：10/7スタッフルームへの入場許可について

□□社
川上様

△△社の工藤です。
お世話になっております。

10月7日のイベント当日のことについて、
ご教示いただきたいことがあり、ご連絡いたします。　…❶❷

>各社担当者は全員、スタッフルームに集合します。
了解しました。　…❸
確認したところ、一般客立ち入り禁止エリアですので、
許可証等の携帯が必要ではないかと思われます。

この点に関し、2点、ご教示ください。　…❹

1.立ち入り禁止区域に入るための許可証等の発行は、
どちらにお願いすればよいでしょうか。

2.現在、弊社担当者は3名ですが、増員の可能性が
ありますので、2名分余分に発行していただくことは
可能でしょうか。

お手数ですが、
なにとぞよろしくお願いいたします。

工藤雅也 mkudou@sankaku.co.jp
株式会社△△ 〒000-0000　東京都千代田区0-0-0
電話00-0000-0000　FAX00-0000-0000

❶ 용건이 길어질 경우, 서두에 용건의 취지에 대하여 적으면 이해하기 쉽다.

❷ 「教示교시」란, 수단이나 방법 등을 가르쳐서 제시한다는 의미다. 구체적으로 가르쳐 달라고 할 때 자주 쓰는 말이다.

❸ 앞서 받은 메일에서 상대방으로부터 지시 받은 내용이 있을 때에는 먼저 알겠다는 답변을 쓰도록 한다.

❹ 이처럼 항목별로 기입하면 질문의 요지가 확실해지며 상대방도 빠짐없이 답변할 수 있다.

기본편

응용편

예문편

단어 ・立ち入り禁止(たちいりきんし) 출입 금지

仕事の進捗状況はいかがですか
업무 진척 상황은 어떻습니까?

제목: 오야마 점 개장 공사의 진행
에 대해서

□□사
마쓰야마 님

신세를 지고 있습니다.
△△사의 사사키입니다.

오야마점의 개장 공사에 대해서
진행 사항을 여쭈어 보고자 연락드
렸습니다.

지난 주 날씨가 좋지 않아 걱정했
는데 진행 사항은 어떠신가요?

다음 주에는 기재 반입이 있으니
현재 상황을 알려 주세요.

아무쪼록 잘 부탁드리겠습니다.

件名：大山店改装工事の進行について

□□社
松山様

お世話になっております。
△△社の佐々木です。

大山店の改装工事について、
進行状況をお尋ねしたくご連絡いたしました。

先週、天候が不良でしたので、心配しておりましたが、
進行状況はいかがでしょうか。　…❶

来週には、機材の搬入がありますので、
現在の状況をお知らせください。

なにとぞよろしくお願いいたします。

工藤雅也 mkudou@sankaku.co.jp
株式会社△△ 〒000-0000　東京都千代田区0-0-0
電話00-0000-0000　FAX00-0000-0000

작성 요령

❶ 지연되고 있는 업무에 대해서는 진행 상황을 질문함으로써 완곡하게 주의
를 촉구할 수 있다.

이번 달 중에 제 5장까지 진행해 주실
예정이었는데, 원고의 진행 상황은
어떠신지요?

■ 今月中に、第5章まで進めていただく予定となっておりますが、原
稿の進行状況はいかがでしょうか。

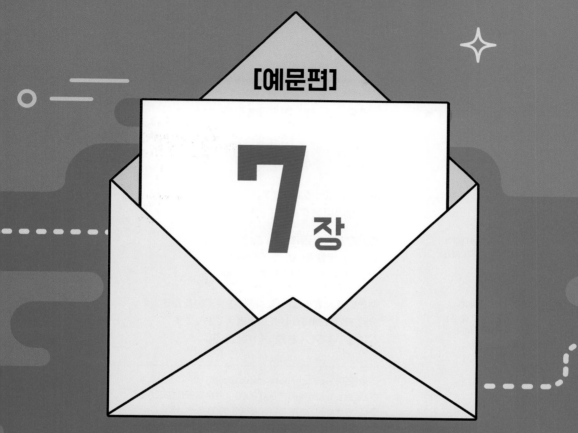

[예문편]

7장

말하기 거북한
내용의 메일

주요 어휘

01 期日が過ぎましたが
기일이 지났는데요

제목: RE: 음료 기호 조사 계획에
대하여

□□사
시바타 님

신세를 지고 있습니다.
△△사의 가와시마입니다.

제목에 기입한 조사 계획에 대하여
이제 초안을 보내 주실 때가 되었
다고 생각합니다.

초안을 보내 주시면 검토하여
이번 달 말 회의에 올리고자 합니다.
아무쪼록 잘 부탁드리겠습니다.

件名：RE:飲料嗜好調査計画について

□□社
柴田様

お世話になっております。
△△社の川島です。

標記の調査計画について、
そろそろ素案をいただく予定に
なっていたかと思います。　…❶

案をいただきましたら、検討させていただき、
今月末の会議にかけたいと考えております。
なにとぞよろしくお願いいたします。

- -
川島聖子　kawashima@sankaku.co.jp
株式会社△△開発部 〒000-0000　東京都千代田区0-0-0
電話00-0000-0000　FAX00-0000-0000

작성 요령

❶ 시간적으로 여유가 있어 부드럽게 재촉할 때 쓰는 표현이다. 이미 기일이
지나 강하게 재촉하고 싶을 때는 다음과 같이 적는다.

■ 先週末までにお送りいただけるということでしたが、
その後、いかがでしょうか。
次の会議にはどうしても間に合わせる必要がありますので、
最悪で明後日までにはいただきたいと思っております。

지난주 말까지 보내 주신다고 하셨는
데, 그 후 어떻게 되셨나요?
다음 회의에는 무슨 일이 있어도 꼭
필요하니 아무리 늦어도 모레까지는
보내 주셨으면 합니다.

02 お返事がまだのようですが
답변이 아직 안 온 것 같은데요

件名：【再送信】契約書文面確認のお願い

□□社
柴田様

お世話になっております。
△△社の川島です。

標記のお願いを5月26日に送信いたしましたが、
届いておりますでしょうか。　…❶

念のため再送信いたしますので、
至急ご確認いただきたくお願いいたします。

お忙しいところ、申し訳ありませんが、
なにとぞよろしくお願いいたします。

＜以下、前回送信メールの文面＞　…❷

📝

제목:【재송신】계약서 문구 확인 요청

□□사
시바타 님

신세를 지고 있습니다.
△△사의 가와시마입니다.

제목에 기입한 요청 사항을 5월 26일에 송신했는데, 도착했는지요?

만일을 위해(혹시 몰라) 재전송하오니 조속히 확인해 주시길 부탁드리겠습니다.

바쁘신 중에 죄송하지만,
아무쪼록 잘 부탁드리겠습니다.

〈이하, 지난번 송신한 메일 문구〉

기본편
응용편
예문편

작성 요령

❶ 상대방이 분명히 메일을 받았으리라는 확신이 들어도 부드럽게 적는다.

❷ 전에 보낸 메일을 '전달'의 방법으로 송신하면 머리글에 보낸 날짜 등이 표시되기 때문에 자신이 틀림없이 메일을 보냈음을 증명을 할 수 있다. 또 이렇게 전달하면 첨부 파일도 함께 전송된다. (p119 참조)

단어　・文面(ぶんめん) 문면, 문안, 문구

添付ファイルの中身が違っています
첨부 파일의 내용이 다릅니다

제목: RE: 20XX 감사제 기획안 ◀

□□사
스가와라 겐지 님

△△사 나카무라입니다.
메일을 보내 주셔서 감사합니다.

첨부 파일을 확인해 봤더니,
내용이 제목에 적힌 것과 달랐습니다.

번거로우시겠지만, 다시 보내 주시
길 부탁드리겠습니다.

또한, 보내 주신 첨부 파일은
이쪽에서 삭제했습니다.

아무쪼록 잘 부탁드립니다.

件名：RE:20XX感謝祭企画案

□□社
菅原健二様

△△社の中村です。
メールをお送りいただき、ありがとうございました。

添付ファイルを確認したところ、
内容が標記のものとは異なっておりました。　…❶

お手数ですが、再送信くださいますよう、お願いいたします。

なお、お送りいただきました添付ファイルは、
こちらで削除させていただきました。　…❷

なにとぞよろしくお願いいたします。

株式会社△△ 開発部 〒000-0000　東京都千代田区0-0-0
中村恭子　nakamura@sankaku.co.jp
電話00-0000-0000　FAX00-0000-000

작성 요령

❶ 잘못 첨부된 파일의 내용에 대해서는 상대방도 아는 내용이므로 상세하게
적지 않아도 된다. 오히려 잘못 보내온 파일의 내용은 보지 않는 게 예의
이므로 언급하지 않는 편이 더 좋다.

❷ 잘못 보낸 파일을 이쪽에서 가지고 있다고 생각하면 상대방도 매우 곤란
해 할 테니 파일을 삭제했다고 알리는 것이 좋다.

04 添付をお忘れですよ
첨부 파일이 없습니다

件名：RE:議事録の確認お願いします

△△社の中村です。
お世話になっております。

添付ファイルがついていないようです。　…❶❷
再送信をお願いいたします。

株式会社△△ 営業部 〒000-0000　東京都千代田区0-0-0
中村恭子　nakamura@sankaku.co.jp
電話00-0000-0000　FAX00-0000-0000

제목: RE: 의사록의 확인을 부탁드
립니다.

△△사의 나카무라입니다.
신세를 지고 있습니다.

첨부 파일이 없는 것 같습니다.
재송신을 부탁드립니다.

작성 요령

❶ 단순한 실수이므로 담백하고 간결하게 알리는 것이 좋다. 단, 「ついていま
せん 첨부되어 있지 않습니다」라고 하는 대신 「ついていないようです 첨부되어 있지
않은 것 같습니다」라고 적는 것이 훨씬 부드럽게 느껴진다.

❷ 보내는 곳 주소가 잘못되어 메일을 받게 되었다면 상대방에게 살짝 알려
주는 것이 매너다.

　■ さきほどお送りいただきましたメール、
　　送信先まちがいのようです。
　　こちらでは削除いたしましたが、
　　念のため、お知らせいたします。

조금 전에 보내 주신 메일,
잘못 보내신 것 같습니다.
이쪽에서는 삭제했지만,
혹시 몰라 알려 드립니다.

기본편
응용편
예문편

名前の漢字がまちがっていました

05

이름의 한자가 틀렸습니다

제목: RE: 담당자 첫 대면에 대해서 ◀

□□사
사토 님

△△사의 이토입니다.
신세가 많습니다.

> 그럼, 8일(수)오후 2시에
  기다리고 있겠습니다.
잘 부탁드리겠습니다.

* 제 이름의 「とう」자는 「藤」가
 아니라「東」를 씁니다.
 죄송하지만, 서류 등에 기입해
 주실 때는 이 글자로 부탁드리겠
 습니다.

件名：RE: 担当者顔合わせについて

□□社
佐藤様

△△社の伊東です。
お世話になっております。

>それでは、8日（水）午後2時に
>お待ちしております。
よろしくお願いいたします。

*私の名前ですが、「とう」は「藤」ではなく、
 「東」を書きます。
 恐れ入りますが、書類等にお書きいただくときは、
 こちらでお願いいたします。　…❶

- -
株式会社△△ 〒000-0000　東京都千代田区0-0-0
伊東弘美　hitou@sankaku.co.jp
電話00-0000-0000　FAX00-0000-0000

작성 요령

❶ 상대방이 자신의 이름을 잘못 기입해서 보냈다면 바로 지적하지 말고 상
   대방이 알아챌 때까지 기다린다. 혹시 만났을 때 자연스럽게 알려주는 것
   도 좋은 방법이다. 그러나 상대방이 서류에 내 이름을 기입해야 하는데 이
   름이 잘못된 것을 눈치를 채지 못하는 상황이라면 메일을 쓸 때, 다른 용
   건과 함께 간단하게 알려준다.

メルアドが公開になっています
메일 주소가 공개로 되어 있습니다

件名：RE: ○○資料をお送りします

遠藤様

△△社の栗原邦子です。

○○資料をお送りいただき、ありがとうございます。
データ満載で、たいへん参考になっております。

ところで、今回の同報は、受信者のアドレスが
すべて見える形になっておりました。
お互いに面識のない方も含まれているようですので、
気になりました。　…❶

念のため、お知らせしておきます。　…❷

株式会社△△ 〒000-0000　東京都千代田区0-0-0
栗原邦子　kurihara@sankaku.co.jp
電話00-0000-0000　FAX00-0000-0000

제목: RE: ○○자료를 보냅니다.

엔도 님

△△사의 구리하라 구니코입니다.

○○자료를 보내 주셔서 감사합니다.
데이터가 풍부하여 매우 참고가 되
었습니다.

그런데, 이번에 단체로 발송된 메
일은, 수신자 메일 주소가 모두 보
이는 형식으로 되어 있습니다.
서로 안면이 없는 분도 포함되어 있
는 것 같아서 신경이 쓰였습니다.

혹시나 해서 알려 드립니다.

작성 요령

❶ 아랫사람이나 동료에게 이와 같이 지적하면 친절하게 여겨질 수 있지만 회사
외부의 윗사람이라면 관계가 껄끄러워질 수 있다. 업무적으로 무언가 중대한
리스크가 발생하는 경우가 아니라면 참는 것이 좋다. (p42 참조)

❷ 상대가 깜박 실수했으리라 보고 부드럽게 지적한다. 만일 도덕적인 차원
에서 비난하면 관계가 악화될 수 있다.

07 **配信リストからはずしてください**
발송 리스트에서 빼 주세요.

제목: RE: ○○업계 뉴스 5월호 ◀

□□사
엔도 님

△△사의 구리하라 구니코입니다.

언제나 ○○업계 뉴스를 보내 주셔서
감사합니다.

계속 참고하고 있었는데,
요즘 업무로 다루는 메일의 양이
급증하여 모처럼 보내 주신 뉴스를
볼 수 없게 되었습니다.

그래서 당분간 제게 보내 주시는
메일을 중단해 주셨으면 하여 연락
드렸습니다.

다시 시간이 생기면 연락드리겠습
니다. 지금까지 정말 감사했습니다.

件名：RE: ○○業界ニュース5月号

□□社
遠藤様

△△社の栗原邦子です。

いつも○○業界ニュースをご配信いただき、
ありがとうございます。

ずっと参考にさせていただいておりましたが、　…❶
このところ、業務で扱うメールの量が急増し、
せっかくお送りいただいたニュースに
目を通せなくなっております。　…❷

そこで、しばらくの間、私への配信を停止して
いただきたく、ご連絡いたしました。

また、時間ができましたら、ご連絡いたします。
これまで、本当にありがとうございました。　…❸

株式会社△△ 営業部 〒000-0000　東京都千代田区0-0-0
栗原邦子　kurihara@sankaku.co.jp
電話00-0000-0000　FAX00-0000-0000

단어　・**配信(はいしん)** 정보·데이터 등의 전송, 배포　・**扱う(あつかう)** 다루다, 취급하다

❶ 업무 메일은 결론부터 적어야 좋지만 이런 내용은 결론부터 적으면 분위기가 경직되기 때문에 먼저 감사 인사와 과정부터 이야기하는 게 좋다.

❷ '도움이 되었으나 어쩔 수 없이…'라는 뉘앙스로 작성한다.

❸ 상대방과의 관계를 해치지 않기 위한 표현이다.
메일 말고도 다른 곳에서 만날 기회가 있을 경우라면 그쪽 이야기를 언급해 두면 좋다.

- また、業界交流会などでお目にかかれるかと存じます。
  今後ともよろしくお願い申し上げます。

▶ 또한, 업계 교류회 등에서 뵙게 되리라 생각합니다. 앞으로도 잘 부탁드리겠습니다.

기본편

응용편

예문편

주의

예시된 메일은 아는 사람으로부터 발송된 뉴스 메일이나 메일링 리스트에 대한 내용이다.

기억에 없는 업체 등으로부터 오는 스팸 메일 등에는 절대로 답장을 해서는 안 된다. '발송 중지를 원하시면 이쪽에서 등록 해지를 해 주세요'라는 문구와 함께 URL을 삽입한 메일이 오기도 하는데, 이때 클릭하면 유효한 메일 주소로 인식되어 스팸 메일이 더 많이 날아 올 수 있으니 주의해야 한다.

打ち合わせた内容と違うのでは？
회의한 내용과 다르지 않나요?

제목: RE: 연구 보고서의 목차에 대해서

△△사의 모리입니다.
바로 답신을 보내 주셔서 감사합니다. 두 가지 확인하고 싶은 부분이 있습니다.

(1) 회장님 인사에 대하여
> 회장님 인사 2페이지
9월 2일에 받은 메일에서는
> 올해, 회장님 인사는 없어도 괜찮다고 회장님으로부터 연락이 있었습니다.
라고 되어 있었는데, 그 후 변경이 있었는지요?

(2) 권말 통계 데이터에 대하여
> 권말 통계 데이터는 생략해도 괜찮지 않을까요?
9월 15일 위원회의 의사록에 따르면 '통계 데이터가 없는 것은 연구 보고서로서 불완전하다'는 의견이 다수 있었던 것 같습니다.
의사록은 9월 20일의 제 메일에 첨부되어 있습니다.

바쁘신 중에 죄송하지만, 확인 및 검토를 잘 부탁드리겠습니다.

件名：RE: 研究レポートの目次について

△△社の森です。
さっそくのご返信ありがとうございました。
2点、確認したい点があります。　…❶

(1)会長あいさつについて
>会長のあいさつ　2ページ
9月2日にいただいたメールでは、　…❷
>今年、会長あいさつはなしでよいと、
>会長から連絡がありました。
とのことでしたが、その後変更がありましたでしょうか。　…❸

(2)巻末統計データについて
>巻末の統計データは割愛しても
>良いのではないでしょうか。
9月15日の委員会の議事録によれば、
「統計データがないのは、研究レポートとして
不完全である」というご意見が多数だったようです。
議事録は、9月20日の私のメールに添付しました。　…❹

お忙しいところ恐縮ですが、ご確認ご検討のほど、
よろしくお願いいたします。

株式会社△△　調査部　森 美香　mori@sankaku.co.jp
〒000-0000　東京都千代田区 0-0-0
電話00-0000-0000　FAX00-0000-0000

단어　割愛(かつあい) 할애, 아까운 것을 내주거나 생략함

① 몇 가지 논점이 있을 때는 서두에 이처럼 항목별로 적으면 이해하기 쉽다.

② 인용하여 예를 들 경우에는 언제의 메일이고 무슨 내용인지 명확하게 밝힌다.

③ 상대방이 착각하고 있다는 생각이 들어도 단정적으로 적어서는 안 된다.
항상 '자신이 알지 못하는 내용이 있을지 모른다'는 자세로 작성한다.

④ 상대방이 확인을 위해 메일을 찾아 보리라 예측되는 경우에는 검색하기
쉽도록 정보를 추가한다.

請求内容に疑問があります
청구 내용에 의문이 있습니다

제목: 조사비 청구에 대해서 ◀

□□리서치
시모야마 님

△△사의 스기하라입니다.
신세를 지고 있습니다.

청구서를 보내 주셔서 감사합니다.
한 가지 확인하고 싶은 점이 있어
연락드립니다.

조사비 청구가 30만 엔으로 되어
있었는데 이것은 작년도의 금액으
로 생각됩니다.

대단히 죄송하지만 올해는 조사 구
역의 축소에 따라 25만엔으로 하겠
다는 뜻을 양해 받았습니다.

올해 5월 10일의 '조사비에 대해서'
라는 제목의 메일을 확인해 주세요.

아무쪼록 잘 부탁드리겠습니다.

件名：調査費のご請求について

□□リサーチ
下山様

△△社の杉原です。お世話になっております。

請求書をお送りいただき、ありがとうございました。
一点ご確認いただきたい点があり、ご連絡しております。

調査費のご請求が、30万円となっておりましたが、
これは昨年度の額と思われます。

たいへん申し訳ないのですが、 …❶
本年は、調査区域の縮小により、25万円とさせていただく旨、
ご了解をいただいておりました。

本年5月10日の「調査費について」という件名の
メールをご確認ください。

なにとぞよろしくお願い申し上げます。

株式会社△△ 〒000-0000　東京都千代田区0-0-0
営業課　杉原みどり　sugihara@sankaku.co.jp
電話00-0000-0000　FAX00-0000-0000

작성 요령

❶ 상대가 모르고 있다는 사실을 책망하지 말고 확인을 요청하도록 한다.
「申し訳ありませんが 죄송하지만」등의 말을 넣어 부드럽게 지적한다.

10 講演料はいかほど
강연료는 어느 정도인가요?

件名：6/5フォーラムご講演について

藤村一郎先生

△△社の鈴木です。
6.5フォーラムでのご講演のお願いにご快諾をいただき、
誠にありがとうございました。

本日は、ぶしつけながら、
ご講演料についておうかがいしたく、
ご連絡を差し上げました。

所定の額などございましたら、お聞かせください。　…❶

お返事をお待ちしております。
なにとぞよろしくお願い申し上げます。

株式会社△△　〒000-0000　東京都千代田区0-0-0
事業部　鈴木信吾　suzuki@sankaku.co.jp
電話00-0000-0000　FAX00-0000-0000

▶ 제목: 6/5 포럼 강연에 대해서

후지무라 이치로 선생님

△△사의 스즈키입니다.
6.5 포럼에서의 강연의 요청을 흔쾌히 승낙해 주셔서 대단히 감사합니다.

오늘은 실례되지만,
강연료에 대해서 여쭈어 보고 싶어 연락을 드렸습니다.

정해진 금액이 있으시면 알려 주세요.

답변을 기다리고 있겠습니다.
아무쪼록 잘 부탁드리겠습니다.

기본편　응용편　예문편

작성 요령

❶ 이미 예산이 정해져 있는 경우에는 다음과 같이 적는다.

- たいへん些少にて失礼ではございますが、
  予算の関係から、ご講演料を15万円にてお願いできましたら、
  たいへんありがたく存じます。

▶ 매우 약소하여 죄송합니다만, 예산 관계로 강연료를 15만 엔으로 부탁드릴 수 있다면(해 주시면) 대단히 감사드리겠습니다.

11

ご依頼に応じられません

의뢰(요청)에 응할 수 없습니다

제목: 시공품(견본) 제공의 건 ◀

□□사
혼다 소스케 님

△△사의 시미즈입니다.
일전에는 폐사까지 찾아와 주셔서
감사했습니다.

그 후, 사내에서 검토했으나
아쉽게도 박람회의 견본품 제공은
하지 않기로 결정되었습니다.

귀사 제품의 신뢰성은 틀림없다고
생각하지만 화장품의 배포 그 자체
가 박람회의 취지와 어울리지 않는
다는 결론이 났기 때문입니다.

모처럼의 후의에 응해 드리지 못해
대단히 죄송합니다.

다음에 기회가 있다면
아무쪼록 잘 부탁드리겠습니다.

件名：試供品のご提供の件

□□社
本田壮介様

△△社の清水です。
先日は、弊社までご足労いただき、
ありがとうございました。　…❶

その後、社内で検討いたしましたが、
残念ながら、フェアへの試供品のご提供については
辞退させていただくことになりました。　…❷

貴社製品の信頼性は確かなものと考えておりますが、
化粧品の配布そのものがフェアの趣旨にそぐわない
という結論となったためです。　…❸

せっかくのご厚意にお応えすることができず、
たいへん申し訳ありません。　…❹

またの機会がありましたら、
どうかよろしくお願いいたします。

株式会社△△ 〒000-0000　東京都千代田区0-0-0
営業部営業課　清水亮子　rshimizu@sankaku.co.jp
電話00-0000-0000　FAX00-0000-0000

단어 ┃ ・そぐわない 어울리지(맞지) 않다, 적합하지 않다

❶ 방문을 받은 뒤라면 그에 대한 인사를 한다.

❷ 결론부터 먼저 적는 작성법이다. 회사로서의 의사 결정 등은 이와 같이 작성하는 것이 적합하다. 그 밖에도 경우에 따라 다음과 같은 작성법도 있다.

- ご提案については、安全面の諸事情により、
  お受けできないという結論になりました。

  ▶ 제안에 대해서는 안전면의 여러 사정에 따라, 받아들일 수 없다는 결론이 나왔습니다.

- いただいた企画案について検討いたしましたが、
  弊社では実現が難しいとの結論になりました。

  ▶ 보내 주신 기획안에 대해서 검토했습니다만, 폐사에서는 실현이 어렵다는 결론이 나왔습니다.

- せっかくのお申し出ではございますが、
  今回は辞退させていただくことになりました。

  ▶ 모처럼 제안을 해 주셨는데, 이번에는 사양하겠습니다.

❸ 이유도 조리있고 간결하게 전한다. 검토의 과정에서 여러 의견이 나왔다고 해도 그 내용은 적지 않는다. 회사의 최종 판단으로서 거절의 이유를 명확하게 해 두고 상대방에게는 그 내용만 전한다.

❹ 마지막에 사과나 보충 설명을 정중하게 넣는다.

- ご希望にそえず、たいへん申し訳ありません。

  ▶ 희망에 부응하지 못해 대단히 죄송합니다.

- ご期待に応えることができず、誠に申し訳ありません。

  ▶ 기대에 부응하지 못해 진심으로 죄송합니다.

- せっかくのお申し越しをお受けできず、
  心よりお詫び申し上げます。

  ▶ 모처럼의 말씀을 받아들이지 못해 진심으로 사과의 말씀 올립니다.

기본편

응용편

예문편

단어 · 申し出(もうしで) 신청, 제의   · 辞退(じたい) 제안이나 권유 등을 사양함, 거절함

お誘いに応じられません
권유(초대)에 응할 수 없습니다

제목: RE: FP교류회의 초대

□□사
요시다 미호 님

△△사의 오마에입니다.
FP교류회에 초대해 주셔서
감사합니다.

꼭 참석하고 싶지만
공교롭게도 그 날은 선약이 있어
찾아뵙지 못합니다.
아쉽습니다.

다른 기회에 불러 주시면 감사하겠
습니다.

앞으로도 잘 부탁드리겠습니다.

件名：RE:FP交流会のお誘い

□□社
吉田美穂様

△△社の大前です。
FP交流会へのお誘いをいただき、
ありがとうございました。　…❶

ぜひとも参加したいところなのですが、
あいにくこの日は先約があり、うかがえません。　…❷
残念です。

またの機会にお誘いいただけるとうれしいです。

今後とも、よろしくお願いいたします。

- -
株式会社△△ 〒000-0000　東京都千代田区0-0-0
営業課　大前亮子　romae@sankaku.co.jp
電話00-0000-0000　FAX00-0000-0000

작성 요령

❶ 먼저 초대에 대한 감사 인사를 한다.

❷ 불참하는 이유를 반드시 구체적으로 적을 필요는 없다. (p112 참조)

출장 일정이 생겨 참가할 수 없습니다. ◀
- 出張が入っており、参加することができません。

변경할 수 없는 업무가 들어와 도저 ◀
히 참가할 수 없습니다.
- 動かせない仕事が入っており、どうしても参加できません。

[예문편]

8장

사과·감사 메일

주요 어휘

出社が遅れます！（社内）

출근이 늦어지겠습니다! (회사 내부)

제목: 고바야시, 출근이 늦어지겠습니다

고바야시입니다.
휴대 전화로 전송합니다.

현재, JR중앙선 오기쿠보역 근처입니다. 조금 전 나카노역에서 사람이 다치는 사고가 있어서 전철이 멈춰 출근이 늦어질 것 같습니다.

죄송합니다.
오늘은 오후 1시에 □□사에서 방문하기로 되어 있습니다.
미팅 자료는 출근 후 준비할 수 있을 것 같습니다. 잘 부탁드리겠습니다.

件名：小林、出社が遅れます

小林です。
携帯でお送りしています。　…❶

現在、JR中央線荻窪駅近くです。
さきほど中野駅で人身事故があったということで、
電車が止まっており、出社が遅れそうです。　…❷

申し訳ありません。
本日は、午後1時に□□社さんが来社されることに
なっています。
打ち合わせ資料は、出社後、準備できると思います。　…❸
よろしくお願いします。

작성 요령

❶ 상사에게 보내는 연락 메일이다. 먼저 전화로 연락하는 게 제일 좋지만 전철 안이라 전화를 할 수 없는 상황이라면 휴대 전화로 메일을 보낸다.

❷ 현재 상황을 요약하여 정확하게 보고한다.

❸ 그날의 자신의 일정을 알린다. 오전에 미팅이 잡혀 있을 경우에는 어떻게 대처할지, 무엇을 도와주었으면 좋겠는지 확실히 전한다. (p181 참조)

02 欠勤のフォローをお願いします（社内）
결근으로 업무 대행을 부탁드립니다 (회사 내부)

件名：今日の島田の仕事について

佐藤さま
　（CC:広木課長）

島田です。
今日は突然の欠勤となってしまい、
申し訳ありません。

以下の２点、フォローをお願いします。

1.昨日納品された報告書を、執筆者に送付する作業を
アルバイトの大山さんにやっていただく予定になっています。
申し訳ありませんが、大山さんへの指示をお願いいたします。
執筆者のリストは、課の共有フォルダの中にあります。

2.明日は企業アンケートの締め切り日ですので、
アンケートについての問い合わせが入るかもしれません。
問い合わせがありましたら、内容を聞いておいていただき、
明日、私からお返事をしたいと思います。

なお、午後２時に□□社を訪問の予定でしたが、このあと、
私から、延期のお願いのお電話をします。

現在、子どもの状態は落ち着き、メール対応は可能です。

ご迷惑をおかけしますが、よろしくお願いいたします。

株式会社△△　〒000-0000　東京都千代田区0-0-0
営業課　島田尚子　nshimada@sankaku.co.jp
電話00-0000-0000　FAX00-0000-0000

제목: 오늘 시마다의 업무에 대하여

사토 님
(CC: 히로키 과장님)

시마다입니다.
오늘은 갑자기 결근하게 되어
죄송합니다.

다음 두 가지의 대응을 부탁드리겠습니다.

1. 어제 납품된 보고서를 집필자에게 송부하는 작업을 아르바이트 직원인 오야마 씨께서 해 주실 예정입니다. 죄송하지만, 오야마 씨에게 지시를 부탁드립니다. 집필자 리스트는 과 공유 폴더 안에 있습니다.

2. 내일은 기업 설문의 마감일이므로 설문에 대해서 문의가 들어올지 모릅니다. 문의가 있으면 내용을 들어 놓아 주시면 내일 제가 답변을 보내겠습니다.

아울러, 오후 2시에 □□사를 방문할 예정이었는데, 조금 이따 전화로 일정 연기를 부탁드리겠습니다.

현재 아이의 상태는 안정되어, 메일 대응은 가능합니다.

누를 끼쳐 죄송하지만, 잘 부탁드리겠습니다.

会議ちょっと遅れます（社外）

회의에 좀 늦어지겠습니다(회사 외부)

제목: △△사 고바야시, 늦어지겠
습니다

△△사 고바야시입니다.
휴대 전화로 전송합니다.

대단히 죄송하지만, 지하철 유라쿠
쵸선이 차량 점검으로 늦어져 회의
에 15분 정도 늦을 것 같습니다.

죄송하지만, 먼저 시작해 주시면
감사하겠습니다.
누를 끼쳐 죄송합니다.
잘 부탁드리겠습니다.

件名：△△社小林、遅れます

△△社の小林です。
携帯からお送りしています。　…❶

たいへん申し訳ないのですが、
地下鉄有楽町線が車両点検で遅れており
会議に15分ほど遅れそうです。

恐縮ですが、
先に始めておいていただければと思います。　…❷
ご迷惑をおかけします。
よろしくお願いいたします。

작성 요령

❶ 한시라도 빨리 전화로 연락해야 한다. 하지만 대중교통 이용 중이라 전화
하기 어려운 상황이라면 휴대 전화로 메일을 보내 두는 것이 좋다.
긴급 연락의 경우는 인사말은 생략한다.

❷ 바쁜 참석자들을 기다리게 하는 것은 매우 실례되는 일이므로 기다리지
말고 회의를 시작해도 좋다는 내용을 전한다.

04 お返事が遅くなりました
답변이 늦어졌습니다

件名：RE:企画会議の日程調整

□□社
斉藤様

△△社の山田です。
お世話になっております。

メールへのお返事が遅くなってしまい、
たいへん失礼をいたしました。

出張などで出たり入ったりが多く、
とり紛れてしまいました。
申し訳ありません。

日程調整表に記入して添付しました。
ご迷惑をおかけしますが、　…❶
どうかよろしくお願いいたします。

添付ファイル：日程調整表.xls

△△株式会社　営業部　山田佐紀子 <syamada@sankaku.co.jp>
〒000-0000　東京都千代田区0-0-0
電話00-0000-0000　FAX00-0000-0000

제목: RE: 기획 회의의 일정 조정

□□사
사이토 님

△△사의 야마다입니다.
신세를 지고 있습니다.

메일에 답장이 늦어져
대단히 실례했습니다.

출장 등으로 빈번하게 들어왔다 나
갔다 하여 정신이 없었습니다.
죄송합니다.

일정 조정표에 기입하여 첨부했습
니다. 폐를 끼쳐 죄송하지만,
아무쪼록 잘 부탁드리겠습니다.

첨부 파일: 일정 조정표.xls

작성 요령

❶ 명백한 자신의 실수이므로 사과해야 한다. 「失礼いたしました 실례했습니다」,
「申し訳ありません 죄송합니다」, 「ご迷惑をおかけしますが 폐를 끼치지만」와
같은 말을 거듭하여 최대한으로 죄송한 마음을 표현한다.

さきほどのメール訂正します
조금 전 메일을 정정합니다

제목 : 【정정】판매 촉진 회의의 알림 ◀

각위

△△사의 오야마입니다.
거듭 연락드려 죄송합니다.

조금 전 알림에 잘못된 내용이 있어
정정합니다.

> 여러분께서 보내 주신 일정을
　조정하여 3월 6일 (수)에 판매
　촉진 회의를 개최하기로 결정
　했습니다.
3월 6일은 수요일이 아니라 목요일
이었습니다. 다시 정확한 내용으로
안내드리겠습니다.

【正】판매 촉진 회의 안내
■ 일시　3월 6일(목)오후 2시~오후
　　　　3시 30분
■ 장소　폐사 제 3회의실
■ 의제　각 사로부터의 보고
　　　　의견 교환

아무쪼록 잘 부탁드리겠습니다.

件名：【訂正】販売促進会議のお知らせ

各位

△△社の大山です。
たびたび申し訳ありません。　…❶

さきほどのお知らせにまちがいがありましたので、
訂正いたします。

>皆様に日程調整をいただき、
>3月6日（水）に販売促進会議を
>開催することが決定しました。　…❷
3月6日は、水曜日ではなく、木曜日でした。
改めて、正しい内容でご案内します。

【正】販売促進会議のお知らせ　…❸
■ 日時　3月6日（木）　午後2時～午後3時30分
■ 場所　弊社　第3会議室
■ 議題　各社からのご報告
　　　　意見交換

なにとぞよろしくお願いいたします。

△△株式会社　営業本部　大山太郎 <toyama@sankaku.co.jp>
〒000-0000　東京都千代田区0-0-0
電話00-0000-0000　FAX00-0000-0000

❶ 메일을 반복해서 보내는 것은 실례이므로 먼저 사과 인사를 적는다.

❷ 잘못된 부분을 알기 쉽게 나타내기 위해 자신이 보낸 메일의 내용을 인용하는 것도 좋은 방법이다. 이해하기 어려운 경우는 정오 표시로 대조시키는 것도 좋다.

[정오 표시로 대조시킨 작성법]
- 【正】会場：東西大学　3号館　201教室
- 【誤】会場：東西大学　4号館　201教室

[정오로 표시할 수 없는 경우]
- あて名のお名前の敬称が抜けておりました。
  大変失礼をいたしました。

- お名前の漢字をまちがえておりました。
  たいへん申し訳ありませんでした。

- さきほどは、書きかけのメールを誤って送信してしまいました。
  削除願います。
  お手数をおかけし、申し訳ありません。

❸ 이와 같이 안내할 경우, 받은 사람이 예전 메일과 비교하며 보지 않아도 되도록 정정 부분만을 알리지 말고 필요한 정보를 전체적으로 다시 적는 것이 친절하다.

▶ [정] 회의장: 도자이대학 3호관 201호

▶ [오] 회의장: 도자이대학 4호관 201호

▶ 받는 사람 이름에 경칭이 빠져 있었습니다. 대단히 실례했습니다.

▶ 이름의 한자가 잘못되어 있었습니다. 대단히 죄송합니다.

▶ 조금 전, 쓰다 만 메일을 잘못해서 송신해 버렸습니다.
삭제 부탁드립니다.
번거롭게 해 드려 죄송합니다.

기본편

응용편

예문편

단어　• あて名(あてな) 수신자, 받는 사람　　• 抜ける(ぬける) 빠지다

06 ミスを指摘されたら
실수를 지적받았다면

제목 : RE:출처가 빠져 있습니다 ◀

□□사
마쓰다 이쿠오 님

△△사의 이시카와입니다.

> 귀사의 발표 자료에 당사의 조사
　데이터가 인용되어 있었는데,
　출처가 빠져 있는 것 같습니다.

대단히 죄송합니다.
원고 입고 때에는 출처를 넣었으나
교정 단계에서 누락된 것 같습니다.
제 부주의였습니다.

증쇄분에 대해서는 출처를 넣도록
준비하겠습니다.

이처럼 간과된 부분이 있었던 점,
대단히 송구스럽게 생각하며 사과
드립니다.

앞으로는 이와 같은 실수가 없도록
각별히 주의를 기울이겠습니다.

조만간 찾아뵙겠지만,
우선 급히 메일로 사과의 말씀
올립니다.

件名：RE:出典が抜けていました

□□社
松田郁夫様

△△社の石川です。　…❶

>貴社の発表資料に、当社の調査データが引用されて
>いましたが、出典が落ちているようでした。

たいへん申し訳ありません。
入稿時には出典を入れておりましたが、
校正段階で落ちてしまったようです。
私の不注意でした。　…❷

増刷分については、出典を入れるように
手配いたしました。

このような見落としをしてしまいましたこと、
本当に申し訳なく、お詫び申し上げます。

今後は、このようなミスのないように
十分に注意いたします。　…❸

近々、お目にかかることがあるかと思いますが、
取り急ぎ、メールにてお詫び申し上げます。　…❹

石川行雄　ishikawa@sankaku.co.jp
株式会社△△ 〒000-0000　東京都千代田区0-0-0
電話00-0000-0000　FAX00-0000-0000

단어　　出典(しゅってん) 출전, 출처　　・手配(てはい) 준비　　・見落とし(みおとし) 간과, 못 보고 넘김

❶ 긴급 사태에 직면한 메일이나 문서에는 인사말을 넣지 않고 바로 본론에 들어간다.

❷ 가령 다른 사람이 작업한 것이라고 해도 변명을 해서는 안 된다.
외부에 대해서는 조직의 일원으로서의 책임은 동일하다.

❸ 사과 문구에는 향후에 대한 반성, 수정, 대책 등을 기입한다.

❹ 사태의 심각성에 따라 메일로만 사과해서는 안 될 때도 있다. 상대방이 화가 난 상태라면 정중하게 사과해야 한다. 만일 어떻게 대응해야 할지 판단이 서지 않을 때는 상사와 상의한다. 이 메일의 예문은 상대로부터 주의를 받았으나 그리 심각한 상황이 아닐 경우에 효과적이다.

가 본편

응용편

예문편

締切に間に合いません
마감일을 맞출 수 없습니다

제목 : 조사 분석의 요약이 늦어지고 있습니다

□□사
시바타 님

신세를 지고 있습니다.
△△사의 가와시마입니다.

이번 주말에 마감하기로 되어 있는 조사 분석의 요약 집계 작업이 늦어지고 있습니다.

현재, 작업자를 늘려 전력을 다해 진행하고 있으나, 기일까지 모든 것을 완성시키기는 어려울 전망입니다.

대단히 죄송합니다.

다음 주 10일에는 완료 가능할 것으로 예측되는데, 기다려 주시겠습니까?

아무쪼록 잘 부탁드리겠습니다.

件名：調査分析のまとめが遅れています

□□社
柴田様

お世話になっております。
△△社の川島です。

今週末が締切となっている調査分析のまとめですが、
集計作業が遅れております。

現在、作業者を増員して全力で進めておりますが、
期日までにすべてを完成させるのは、難しい見通しです。　…❶

たいへん申し訳ありません。

来週10日には完了できる見通しですが、
お待ちいただけますでしょうか。

なにとぞよろしくお願いいたします。

川島聖子　kawashima@sankaku.co.jp
株式会社△△ 〒000-0000　東京都千代田区0-0-0
電話00-0000-0000　FAX00-0000-0000

작성 요령

❶ 현재의 상황을 전하고 상대방으로부터 이해를 구한다. 변명을 하기보다 조금이라도 서둘러 진행하도록 노력하고 있음을 전하는 것이 중요하다.

08 参加できなくなりました
참석할 수 없게 되었습니다

件名：4/18懇親会欠席いたします

□□社
小田様

△△社の佐藤です。
お世話になっております。

4月18日の懇親会ですが、
急な出張が入ってしまい、
参加できなくなってしまいました。 …❶

たいへん申し訳ありません。

楽しみにしておりましたのに、
とても残念です。
みなさまによろしくお伝えください。

佐藤孝夫　tsatou@sankaku.co.jp
株式会社△△ 〒000-0000　東京都千代田区 0-0-0
電話00-0000-0000　FAX00-0000-0000

📝

▶ 제목: 4/18 친목회에 불참합니다.

□□사
오다 님

△△사의 사토입니다.
신세를 지고 있습니다.

4월 18일의 친목회입니다만,
급한 출장 업무가 들어와
참석할 수 없게 되었습니다.

대단히 죄송합니다.

기대하고 있었는데,
무척 아쉽습니다.
여러분께 안부 전해 주세요.

기본편

응용편

예문편

작성 요령

❶ 불참하는 이유를 구체적으로 적지 않는 편이 좋을 때도 있다. 그러나 일반적으로 '급한 출장'은 '친목회'보다도 우선 순위가 높다는 인식이 있기 때문에 불참 사유를 출장 때문이라고 밝히는 것도 괜찮다. (p112 참조)
불참 사유를 구체적으로 밝히지 않을 경우에는 다음과 같이 적으면 좋다.

■ どうしても都合がつかなくなり、参加できなくなってしまいました。

▶ 도저히 상황이 여의치 않아 참석할 수 없게 되었습니다.

お仕事をいただき感謝します
일을 주셔서 감사합니다

제목 : 기획 채택 감사합니다 (△△사) ◀

□□사
오시마 님

신세를 지고 있습니다.
△△사의 이노우에입니다.

이번에는 저희 사이트 리뉴얼 안을
채택해 주신다고 하시는 말씀,
매우 기쁘게 읽었습니다.
진심으로 감사드립니다.

> 높은 디자인성이 매력 있었습니다.
감사합니다.

귀사의 고객을 제일로 생각하는
정신을 구현시킨 인터페이스와 질
높은 디자인성의 양립을 목표로 하
고자 합니다.

앞으로 전력을 기울여 나가겠사오니,
많은 지도 편달 부탁드리겠습니다.

件名：企画採用ありがとうございます（△△社）

□□社
大島様

お世話になっております。
△△社の井上です。

このたびは、私どものサイトリニューアル案を
ご採用いただけるとのこと、
たいへんうれしく拝見いたしました。
心より感謝申し上げます。　…❶

> デザイン性の高さが魅力でした。
ありがとうございます。　…❷

貴社の顧客第一のマインドを体現したインターフェースと
質の高いデザイン性の両立をめざしたいと考えております。

これから全力を傾注してまいりますので、
ご指導ご鞭撻のほど、よろしくお願いいたします。　…❸

株式会社△△　企画制作部　井上広孝 inoue@sankaku.co.jp
〒000-0000　東京都千代田区0-0-0
電話00-0000-0000　FAX00-0000-0000

단어　　• 体現(たいげん) 체현, 구현, 실현　　• 傾注(けいちゅう) 경주, 기울임, 쏟음

작성 요령

❶ 기쁨이나 감사의 말을 거듭함으로써 솔직한 기분을 표현할 수 있다.

❷ 상대방의 긍정적인 말에 기쁨을 표현한다. 서로의 신뢰가 높아진다.
예를 들면 이렇게 쓸 수 있다.

- 光栄です。   ▶ 영광입니다.

- 光栄でございます。   ▶ 영광입니다.

- 必ずご期待にかなうものを完成させたいと思います。   ▶ 반드시 기대에 부응하는 것을 완성시키고 싶습니다.

- 弊社の強みと自負してまいりましたが、
  ご評価をいただき、たいへんうれしく存じます。   ▶ 폐사의 강점이라고 자부해 왔는데, 좋은 평가를 해 주셔서 매우 기쁘게 생각합니다.

❸ 「ご指導ご鞭撻 지도 편달」은 상대에게 경의를 표하면서, 향후 관계가 지속되기를 바란다는 마음이 담긴 상용구다. 「鞭撻 편달」이란 '채찍질하다'라는 뜻이지만, 여기서는 '격려한다'는 의미로 사용되고 있다.
앞으로의 결의를 나타내는 표현으로 다음과 같이 작성하는 방법도 있다.

- ご満足いただけるよう努力してまいりますので、
  どうかよろしくお願いいたします。   ▶ 만족하실 수 있도록 노력해 나갈 테니 부디 잘 부탁드리겠습니다.

- 社員一丸となって頑張ってまいりますので、
  なにとぞよろしくお願い申し上げます   ▶ 전 직원이 합심하여 진력해 나갈 예정이오니 아무쪼록 잘 부탁드리겠습니다.

- プロジェクトの成功をめざし頑張ってまいりますので、
  ご支援のほど、よろしくお願いいたします。   ▶ 프로젝트의 성공을 향해 노력해 나가겠사오니 많은 지원 부탁드립니다.

기본편

응용편

예문편

いい仕事をありがとうございます
좋은 업무 감사합니다

제목 : RE:FAQ페이지 임시 업로드 ◀

□□사
하시모토 님

△△사의 오자와입니다.

> 예정대로 FAQ페이지의 전체가
   완성되어 임시 업로드했으니
   확인해 주세요.
감사합니다.
깔끔하고 보기 편한 디자인으로 만
들어 주시고, 저희 쪽의 세세한 요
청에 정중하게 대응해 주셔서 대단
히 감사드리고 있습니다.

상세 부분에 대해서, 앞으로 회사
내부적으로 확인할 테니 1주일 정
도 시간을 주세요.

드디어 완성이 보이기 시작했습니다.
이후에도 잘 부탁드리겠습니다.

件名：RE:FAQページ仮アップ

□□社
橋本様

△△社の小沢です。

>予定どおり、FAQページの全体が出来上がり、
>仮アップしておりますので、ご確認ください。
ありがとうございます。
すっきり見やすいデザインでつくっていただき、
また、こちらの細かい要望にていねいにご対応くださり、
たいへん感謝しております。　…❶

細かい点について、これから社内で確認しますので、
1週間程度お時間をください。

いよいよ完成が見えてきました。
このあとも、よろしくお願いいたします。

株式会社△△　営業部　小沢里香 rozawa @sankaku.co.jp
〒000-0000　東京都千代田区0-0-0
電話00-0000-0000　FAX00-0000-0000

작성 요령

❶ 중간 경과 보고라 해도 상대방에게 긍정적인 평가를 아낌없이 보내는 것
   이 좋다. 상대방에게 동기 부여하는 효과가 있다.

11 ご来訪ありがとうございます
방문해 주셔서 감사합니다

件名：△△社です。ご来社ありがとうございました

□□社
大川孝敏様

△△社の小沢です。

昨日は、ご来社いただき、
ありがとうございました。

貴社のお取り組みをお聞きし、
たいへん勉強になりました。 …❶

ご提案について、弊社として検討することになりました。
来月中旬には、会議がございますので、
またご連絡させていただきます。

今後ともよろしくお願いいたします。

株式会社△△　営業部　小沢里香 rozawa@sankaku.co.jp
〒000-0000　東京都千代田区0-0-0
電話00-0000-0000　FAX00-0000-0000

제목 : △△사입니다. 회사에
방문해 주셔서 감사했습니다.

□□사
오카와 다카토시 님

△△사의 오자와입니다.

어제는 회사에 방문해 주셔서
감사했습니다.

귀사의 방침을 듣고
매우 공부가 되었습니다.

폐사에서는 제안해 주신 내용에
대해 검토하게 되었습니다.
다음 달 중순에는 회의가 있으므로
다시 연락드리겠습니다.

앞으로도 잘 부탁드리겠습니다.

기본편

응용편

예문편

작성 요령

❶ 아직 거래가 시작되지 않은 상대라도 경의를 표하고 긍정적인 말로 반응
하여 좋은 관계를 유지한다.

단어
・来訪(らいほう) 내방, 방문
・取り組み(とりくみ) 대처, 방침, 추진

12 # ご助言に感謝します
조언에 감사합니다

제목 : RE:○○기획 제안서에 대해 ◀

□□사
시라이 에미 님

△△사의 아라이입니다.
메일 감사합니다.

> 귀사의 실적에 대해, 그리고 복지
  부문의 사업에 대해서도 가필해
  주시면 더욱 좋을 것 같습니다.
  바로 보충해 보았는데 어떠신가요?

조언해 주셔서 큰 도움이 됐습니다.
그밖에도 수정해야 할 점이 있으면
알려 주세요.

앞으로도 잘 부탁드리겠습니다.
(첨부 파일 : ○○기획제안서.doc)

중요한 사회 공헌 사업을 간과했습니 ◀
다. 가르쳐 주셔서 감사합니다.

件名：RE:○○企画提案書について

□□社
白井絵美様

△△社の新井です。
メールありがとうございました。

>貴社の実績について、福祉部門の事業についても
>加筆していただけるとなおよいかと思いました。
さっそく補足してみましたが、いかがでしょうか。

ご助言、たいへん助かります。　…❶
ほかにも修正すべき点ありましたら、ご教示ください。

今後ともよろしくお願いいたします。
（添付ファイル：○○企画提案書.doc）

株式会社△△　システム開発部営業課
新井美樹　marai@sankaku.co.jp
〒000-0000　東京都千代田区0-0-0
電話00-0000-0000　FAX00-0000-0000

작성 요령

❶ 구체적으로 적고 싶다면 다음과 같은 표현도 있다.

■ 重要な社会貢献事業を見落としておりました。
　ご教示ありがとうございます。

13 お土産ありがとうございました
선물 감사했습니다

件名：お土産が届きました

下田博也様

△△社営業課の枝野です。

本日、高知から美味しいフルーツゼリーが届きました。
さっそく冷蔵庫で冷やし、
お茶の時間にいただくのを楽しみにしております。

ご出張先からのお心づかいに、
課員一同、心より感謝しております。
ありがとうございました。　…❶

お忙しいこととは存じますが、
暑い日が続きますので、
お体には十分にお気をつけください。　…❷

取り急ぎ、御礼まで申し上げます。

株式会社△△　営業課　枝野裕子 yedano@sankaku.co.jp
〒000-0000　東京都千代田区0-0-0
電話00-0000-0000　FAX00-0000-0000

제목 : 선물이 도착했습니다

□□사
시모다 히로야 님
△△사 영업과 에다노입니다.

금일 고치에서 맛있는 과일 젤리가
도착했습니다. 즉시 냉장고에서 차
갑게 식혀 휴식 시간에 먹을 것을
기대하고 있습니다.

출장지에서 마음 써 주셔서 저희
과 직원 일동, 진심으로 감사해 하
고 있습니다.
감사합니다.

바쁘시리라 생각됩니다만,
더운 날이 이어지니
건강에 각별히 유의하시기 바랍니다.

급히 인사 말씀 올립니다.

기본편

응용편

예문편

작성 요령

❶ 인사말을 거듭하여 감사의 마음을 강조한다.

❷ 사교적인 메일의 경우 안부와 건강을 세심하게 살피는 인사말로 끝맺으면
진심이 담겼다는 인상을 준다.

長い間お世話になりました
오랫동안 신세 많았습니다

제목 : RE: 인사이동의 알림
(사와다 준코)

사와다 준코 님

△△사 에다노입니다.

알려 주셔서 감사합니다.
나고야 영업소로 영전하신 것을 축하드립니다.

오랫동안 대단히 신세 많았습니다.
제가 부족하여 여러모로 폐를 끼쳤습니다만 정성껏 지도를 해 주셔서 진심으로 감사드리고 있습니다.

앞으로 더욱 활약하시기를 기원합니다.

件名：RE:異動のお知らせ（沢田順子）

沢田順子様

△△社の枝野です。

お知らせありがとうございました。
名古屋営業所にご栄転とのこと、おめでとうございます。 …❶

長い間、たいへんお世話になりました。
私が行き届かず、いろいろとご迷惑をおかけしてきましたが、
ていねいにご指導をいただきましたこと、
心より感謝いたしております。

これからますますのご活躍をお祈りしております。

株式会社△△　営業部　枝野裕子 yedano@sankaku.co.jp
〒000-0000　東京都千代田区 0-0-0
電話00-0000-0000　FAX00-0000-0000

작성 요령

❶ 상황에 따라 이렇게 작성할 수도 있다.

[퇴직]

■ □□社をご退職されたとのこと、驚きました。お疲れさまでした。

[인사이동]

■ 開発課でも、本領を発揮されることと思います。

□□사를 퇴직하셨다고 해서 놀랐습니다. 수고하셨습니다.

개발과에서도 진가를 발휘하시리라 생각합니다.

[예문편]

9장

단체로 보내는
알림 메일

주요 어휘

顧客へのお詫び連絡
고객에 대한 사과 연락

제목 : 보리 된장이 품절되어 예약을 받고 있습니다

보리 된장을 주문해 주신 고객님께

□□□사로부터 사과와 안내 말씀 드립니다.

9월 16일 ○○TV '맛있는 농업'에서 당사의 '보리 된장'을 소개해 주셨더니 주문이 쇄도하여 현재 품절이 되었습니다.

주문해 주신 여러분께는 대단히 죄송하며 진심으로 사과의 말씀 올립니다.

아울러, 하기의 홈페이지에서는 11월 중순 이후의 출하분의 예약을 받고 있으므로 이용해 주시면 감사드리겠습니다.

엄선한 유기농 재료로 직접 만들었기 때문에 출하량에 한계가 있지만, 가능한 한 여러분의 요청에 부응하고자 하오니 앞으로도 많은 성원 부탁드립니다.

件名：麦みそが品切れ、予約受付になりました

麦みそをご注文いただきましたお客様へ

□□□社から、お詫びとお知らせのご連絡です。　…❶

9月16日○○テレビ「美味しい農業」で、　…❷
当社の「麦みそ」を紹介していただいたところ、
ご注文が殺到し、現在、品切れになっております。

ご注文いただいた皆様には、たいへん申し訳なく、
心よりお詫び申し上げます。

なお、下記のホームページでは、
11月中旬以降の出荷分のご予約を承っておりますので、
ご利用いただければ幸いです。
http://shikakumiso.com/mugimiso/yoyaku/

厳選した有機材料から手作りするため、
出荷量に限界がございますが、
できる限り皆様のご要望にお応えしてまいりたいと
考えておりますので、
今後ともお引き立てのほど、よろしくお願いいたします。

□□□　info@shikaku.co.jp
〒000-0000　栃木県○○○○0-0-0
電話0000-00-0000　FAX0000-00-0000

단어　・殺到(さっとう) 쇄도　　・品切れ(しなぎれ) 품절

❶ 여러 사람을 대상으로 한 알림 메일임을 명확하게 표현하는 방법이다.

❷ 고객에게 폐를 끼치는 사항에 대한 연락일 경우에는 다음과 같은 흐름으로 적는다.

경위 → 현재 상황 → 사과 → 향후의 대책·부탁 등

예를 들면 다음과 같이 작성한다.

■ 本日午前5時〜午後5時の間、
　○○サービスのホームページに
　アクセスできなくなりました。
　原因はサーバのトラブルによるもので、
　現在は復旧しております。

　利用者のみなさまに、たいへんご迷惑をおかけしましたことを、
　深くお詫び申し上げます。

　今後はこのようなことのないよう、
　バックアップ体制を強固にしてまいりますので、
　引き続き○○サービスをご利用いただきますよう、
　お願い申し上げます。

오늘 오전 5시 ~ 오후 5시 사이에 ○○ 서비스 홈페이지에 접속할 수 없게 되었습니다. 원인은 서버의 문제에 의한 것으로, 현재는 복구되었습니다.

이용자 여러분께 대단히 폐를 끼친 점, 깊은 사과의 말씀 올립니다.

향후에는 이와 같은 일이 없도록 백업 체재를 강화해 나가겠사오니, 계속해서 ○○서비스를 이용해 주시길 부탁드리겠습니다.

기본편

응용편

예문편

단어 ·強固に(きょうこに) 공고히, 단단하고 튼튼하게

講演会のお知らせ

강연회 안내

제목 : 첨단 친환경 사업 강연회 알림

회원 각위(여러분)

□□□에서 회원 여러분께 다음 번 강연회를 알려 드립니다.
다음번에는 경제 평론가인 구리사와 가즈오 씨를 초대하여 '첨단 친환경 사업의 가능성'에 대해 말씀을 듣겠습니다.

귀중한 기회이므로 부디 참가해 주시기 바랍니다.

〈〈〈〈□□□ 가을 강연회〉〉〉〉

「첨단 친환경 사업의 가능성」
 강사 구리사와 가즈오 씨
 (경제 평론가)

■ 일시: 10월 7일(금)오후 6시~8시
■ 회장: 히가시이케부쿠로 회관
 도시마구 히가시이케부쿠로
 0-0-0
 지하철 유라쿠쵸선 히가시이케부쿠로역 6번 출구에서 도보 5분
■ 참가비: 1500엔 (회원 1000엔)
■ 참가 신청
 성명, 연락처, 회원 등록의 유무, 참가 인원수를 □□□ · 가토에게 알려 주세요.
 (본 메일로 회신해 주세요)

件名：先端エコ事業講演会のお知らせ

会員各位

□□□から会員のみなさまに、次回講演会のお知らせです。
次回は、経済評論家の栗沢和男氏をお招きして、
「先端エコ事業の可能性」についてお話しいただきます。

貴重な機会ですので、ぜひともご参加ください。

〈〈〈〈□□□ 秋の講演会〉〉〉〉

「先端エコ事業の可能性」
 講師　栗沢和男氏（経済評論家）

■ 日時　10月7日（金）午後6時～8時
■ 会場　東池袋会館　豊島区東池袋0-0-0
 地下鉄有楽町線　東池袋駅　出口6から徒歩5分
 TEL 00-0000-0000
 URL http://www.higashi_ikebukurohall/map/
■ 参加費　1500円（会員1000円）
■ 参加お申込み
 お名前、ご連絡先、会員登録の有無、ご参加の人数を
 □□□・加藤まで　お知らせください。
 （本メールにご返信ください）

- -

□□□　加藤麻美<asamikato@shikaku.or.jp>
〒000-0000　東京都千代田区0-0-0
電話00-0000-0000　FAX00-0000-0000

03 社内へのお知らせメール
사내 안내 메일

件名：新○○制度検討会中間まとめ（情報提供）

社員各位

営業課からの情報提供です。 …❶

当社の事業環境を大きく左右する新○○制度について、
本日、政府の検討会から中間まとめが発表されましたので、
配信します。 …❷

添付ファイル：新○○制度検討会中間まとめ.doc

△△株式会社　営業課　阪本裕一 <sakamoto@sankaku.co.jp>
〒000-0000　東京都千代田区0-0-0
電話00-0000-0000　FAX00-0000-0000

제목 : 신○○제도 검토회 중간 정리
(정보 제공)

사원 각위(여러분)

영업과로부터의 정보 제공입니다.

당사의 사업 환경을 크게 좌우하는
신○○제도에 대하여 금일, 정부
의 검토회에서 중간 정리가 발표되
었으므로 송신합니다.

첨부 파일: 신○○제도 검토회
중간 정리.doc

작성 요령

❶ 제목이나 서두에서 '정보 제공'이라고 명시하면 시간이 없는 사람은 나중
에 읽을 수 있다.

❷ 필요한 정보를 사내에 적극적으로 발신함으로써 문제 의식을 공유하여
조직력을 고양시킬 수 있다. 그러나 무작정 발신하는 것이 아니라 정보 제공
의 엄선이 필요하다. 또한 회사 전체, 부, 과 등 정보 제공의 범위에 대해
서도 고려할 필요가 있다.

기
본
편

응
용
편

예
문
편

異動のごあいさつ
인사이동의 인사

제목 : 인사이동 인사 (△△사 · 기무라) ◀

△△사 기무라입니다.

신세지고 있는 여러분께 숨은 참조 (BCC)로 전송하고 있습니다.

저는 이번 4월 1일자로 본사 제 1사업부 개발과에서 나고야 지사 영업과로 이동했습니다.

제 1사업부에서는 대단히 신세가 많았고 정말로 감사했습니다.

나고야 지사에서는 제 1사업부에서의 경험을 살려 새로운 마음으로 배우고 성장해 나가고 싶습니다. 앞으로도 지도 편달해 주시길 잘 부탁드리겠습니다.

우선 급히, 메일로 인사 말씀 올립니다.

件名：異動のごあいさつ（△△社・木村）

△△社の木村です。

お世話になっているみなさまにBCCでお送りしております。

私は、この4月1日付で、本社第一事業部開発課から
名古屋支社営業課に異動いたしました。

第一事業部では、たいへんお世話になり、
本当にありがとうございました。

名古屋支社では、第一事業部での経験を活かしつつ、
新たな気持ちで学び、成長していきたいと考えております。　…❶
今後とも、ご指導ご鞭撻くださいますよう、
よろしくお願い申し上げます。

取り急ぎ、メールにてご挨拶申し上げます。

△△株式会社名古屋支社　営業課　木村亮子
〒000-0000　名古屋市中区0-0-0
電話000-000-0000　FAX000-000-0000
Mail:rkimura@sankaku.co.jp　＊メールアドレスは変わりません＊

작성 요령

❶ 다음과 같은 작성법도 있다.

■ 名古屋支社では、みなさまに学ばせていただいたことを力に、
新しい仕事にチャレンジしていきたいと思っております。

나고야 지사에서는 여러분께 배운 것을 무기 삼아 새로운 업무에 도전해 가고 싶습니다. ◀

05 担当者変更のお知らせ
담당자 변경 안내

件名：△△社清水の後任となりました（今井）

いつもお世話になっております。

この4月1日、清水の後任として営業部営業課に
着任いたしました△△社の今井平太と申します。
たいへん失礼ながら、BCCメールにて、
担当者変更のご連絡を申し上げます。　…❶

みなさまにご迷惑をおかけすることのないよう、
引き継ぎには万全を期しておりますが、
至らない点がありましたら、何なりとご指摘ください。

近々ごあいさつにうかがいたいと思っております。
清水同様、お引き立てくださいますよう、　…❷
どうかよろしくお願い申し上げます。

△△株式会社　営業部　今井平太 <himai@sankaku.co.jp>
〒000-0000　東京都千代田区0-0-0
電話00-0000-0000　FAX00-0000-0000

제목 : △△사 시미즈의 후임이 되
었습니다(이마이)

늘 신세를 지고 있습니다.

오는 4월 1일, 시미즈의 후임으로
영업부 영업과에 부임한 △△사의
이마이 헤타라고 합니다. 대단히 죄
송하지만, 숨은 참조(BCC) 메일로
담당자 변경의 연락을 드립니다.

여러분께 폐를 끼치는 일이 없도록
인수인계에 만전을 기하겠다만,
미흡한 점이 있으면 무엇이든지 지
적해 주세요.

조만간 인사드리러 찾아뵙고 싶습
니다. 시미즈(전임자)와 마찬가지
로 보살펴 주시기를 아무쪼록 잘
부탁드리겠습니다.

기
본
편

응
용
편

예
문
편

작성 요령

❶ 담당자 변경에 대한 인사 방식은 직종이나 업계 관례에 따라 다르지만,
우선 메일로 알려야 할 경우에는 이와 같이 적는다.

❷ 「引き立て」란, '격려하다', '특별히 돌봐주다', '사랑하고 소중히 보호한다'
는 의미다.

メールアドレス変更のお知らせ
메일 주소 변경 안내

제목 : 메일 주소가 변경되었습니다 (△△사 고지마)

△△사의 고지마입니다.

신세를 지고 있습니다.
이번에 제 메일 주소가 변경되어 알려 드립니다.

【구 주소】011233@sankaku.co.jp
【신 주소】akojima@sankaku.co.jp

번거로우시겠지만 주소 등록을 변경해 주시기를 부탁드리겠습니다.

아울러, 구 주소는 7월 30일까지 수신 가능하지만 그 후에는 수신할 수 없게 됩니다.
아무쪼록 잘 부탁드리겠습니다.

件名：メールアドレス変わりました（△△社　小島）

△△社の小島です。

お世話になっております。
このたび、私のメールアドレスが変更になりましたので、
お知らせいたします。

【旧アドレス】011233@sankaku.co.jp
【新アドレス】akojima@sankaku.co.jp　…❶

お手数ですが、アドレス登録をご変更くださいますよう、
お願いいたします。

なお、旧アドレスは7月30日まで受信可能ですが、
その後は、受信することができなくなります。
どうかよろしくお願いいたします。

△△株式会社　総務部経理課　小島綾子
〒000-0000　東京都千代田区0-0-0
電話000-000-0000　FAX000-000-0000
Mail: akojima@sankaku.co.jp
＊7月1日からメールアドレスが変更になりました。

작성 요령

❶ 변경 전 메일 주소도 반드시 함께 적는다. 여러 개의 주소가 등록되어 있는 경우도 있으므로 바르게 변경하기 위해서는 변경 전 주소도 함께 알리는 것이 좋다.

07 休業のお知らせ（社外）
휴업 안내 (회사 외부)

件名：8月13日〜15日休業いたします

お世話になっております。△△社の山田です。

たいへん勝手ながら、
弊社事業部は、下記の期間、夏期休業となります。 …❶

■ 8月13日（水）〜8月15日（金）
 ＊8月16日（土）・17日（日）は弊社の
 休日となっております。

ご迷惑をおかけしますが、
なにとぞよろしくお願いいたします。

△△株式会社　第1事業部営業課　山田克也
〒000-0000　東京都千代田区0-0-0
電話000-000-0000　FAX000-000-0000
Mail: kyamada@sankaku.co.jp

제목 : 8월 13일~15일 휴업합니다

신세를 지고 있습니다.
△△사의 야마다입니다.

대단히 송구하지만, 폐사 사업부는
아래 기록된 기간, 하계 휴업에 들
어갑니다.

■8월 13일(수)~8월 15일(금)
 ＊8월 16일(토)・17일(일)은 폐사
 의 휴무일입니다.

불편을 드려 죄송하지만
아무쪼록 잘 부탁드리겠습니다.

기본편

응용편

예문편

작성 요령

❶ 하계 휴업에 대한 알림 메일은 총무부 등에서 거래처에 일괄로 송신하는
경우도 있으나 이 메일은 담당자가 직접 알릴 때 사용할 수 있는 예문이
다. 개인의 휴가 일정을 알릴 경우에는 다음과 같은 문구를 사용한다.

■ たいへん勝手ながら、私は8月20日(月)・21日(火)に
 休暇をとらせていただきます。
 申し訳ありませんが、よろしくお願いいたします。

▶ 대단히 송구스럽지만, 저는 8월 20일
(월)・21일(화)에 휴가입니다. 죄송하
지만, 잘 부탁드리겠습니다.

休暇のお知らせ（社内）
휴가 안내 (회사 내부)

제목 : 혼다 7월 20일~23일 휴무입
니다

개발과 여러분

혼다입니다.
대단히 송구하지만,

7월 20일(월)~23일(목)에
조기 여름 휴가를 냈습니다.

만일을 위해, 진행 중인 프로젝트
의 서류를 과 공유 폴더에 넣어 두
겠습니다.

또한, 진행이 될 법한 안건에 대해
서는 신도 씨에게 대응을 부탁했습
니다.

아울러, 제 휴대 전화 번호는
000-0000-0000입니다.

불편을 드려 죄송하지만 잘 부탁드
리겠습니다.

件名：本多7月20日～23日お休みいただきます

開発課のみなさま

本多です。
たいへん勝手ながら、

7月20日（月）～23日（木）の間、
早めの夏休みをとらせていただきます。

念のため、進行中のプロジェクトの書類を
課の共有フォルダに入れておきます。

また、動きがありそうな案件については、
新藤さんにフォローをお願いしました。

なお、私の携帯電話は。
000-0000-0000　です。

ご迷惑をおかけしますが、よろしくお願いします。

△△株式会社　第1事業部開発課　本多克典
〒000-0000　東京都千代田区0-0-0
電話000-000-0000　FAX000-000-0000
Mail: khonda@sankaku.co.jp

색인

- 한눈에 보는 색인
- 표현 & 예문 종합 색인
- 고민별 색인

From：	△△株式会社　堀内宏樹
To：	□□社　企画部　斎藤祐也様
件名：	調査部データお送りします

□□社企画部
斉藤祐也様

△△の堀内です。
お世話になっております。

先日の打ち合わせで話題になっておりました
弊社調査部の調査が見つかりましたので、
添付ファイルにてお送りいたします。

お求めのデータと異なっていた場合には、
お知らせください。

よろしくお願いいたします。

（添付ファイル　PDF 340KB）

堀内　宏樹　hhoriuchi@sankaku.co.jp
△△株式会社　営業1課
〒000-0000　東京都千代田区0-0-0
電話00-0000-0000　FAX00-0000-0000

표현 & 예문 종합 색인

● 표현 예   ○ 예문편

고민별 색인

BUSINESS MAIL BUNSHOJUTSU

by Aki Nakakawaji

Copyright © 2013 Aki Nakakawaji

Koreantranslation copyright ©2019 by SISA JAPANESE PUBLISHING CO., LTD.

All rights reserved.

Original Japanese language edition published by Diamond, Inc.

Koreantranslation rights arranged with Diamond, Inc.

through The English Agency (Japan) Ltd., and Danny Hong Agency

저자 소개 　나카카와지 아키 (中川路亜紀)

1956년 고베 시에서 출생했다. 와세다대학 제 1문학부를 졸업하고 출판사 근무를 거쳐 1988년 커뮤니케이션 팩토리를 설립했다. 비즈니스 커뮤니케이션 관련의 저술·강연 활동을 하고 있으며, 저서로는 『気のきいた手紙が書ける本(센스 있게 편지를 쓸 수 있는 책)』 『ビジネス文書の書き方(비즈니스 문서 작성법)』 『[新聞]これでカンペキ！誰でも書けるビジネス文書([신문] 이것으로 완벽! 누구나 쓸 수 있는 비즈니스 문서)』 『そのまま使える！ビジネスマナー・文書(그대로 쓸 수 있다! 비즈니스 매너·문서)』등이 있다.

비즈니스
일본어 이메일
통째로 따라쓰기

초판 발행	2019년 5월 22일
1판 2쇄	2022년 8월 22일

저자	나카카와지 아키(中川路亜紀)
책임 편집	조은형, 무라야마 토시오, 김성은, 박현숙, 손영은
펴낸이	엄태상
디자인	공소라
콘텐츠 제작	김선웅, 김현이, 유일환
마케팅	이승욱, 왕성석, 노원준, 조성민, 이선민
경영기획	조성근, 최성훈, 정다운, 김다미, 최수진, 오희연
물류	정종진, 윤덕현, 신승진, 구윤주

펴낸곳	시사일본어사(시사북스)
주소	서울시 종로구 자하문로 300 시사빌딩
주문 및 교재 문의	1588-1582
팩스	0502-989-9592
홈페이지	www.sisabooks.com
이메일	book_japanese@sisadream.com
등록일자	1977년 12월 24일
등록번호	제 300-2014-92호

ISBN 978-89-402-9249-5 13730